함께 가을에 비친 것들

한국현대수필 100년 | 사파이어문고 ㉛

도병후 수필집
몽촌 거울에 비친 것들

발행 | 2025년 12월 12일
인쇄 | 2025년 12월 17일

글쓴이 | 도병후
펴낸이 | 장호병
펴낸곳 | 북랜드
　　　　04556 서울 중구 퇴계로41가길 11-6, JHS빌딩 501호
　　　　41965 대구 중구 명륜로12길 64(남산동)
　　　　전화 (02)732-4574, (053)252-9114
　　　　팩스 (02)734-4574, (053)252-9334
　　　　등록일 | 1999년 11월 11일
　　　　등록번호 | 제13-615호
　　　　홈페이지 | www.bookland.co.kr
　　　　이-메일 | bookland@hanmail.net

책임편집 | 김인옥
기　　획 | 전은경
교　　열 | 서정랑

ⓒ 도병후, 2025, Printed in Korea
저자와의 협의하에 인지를 생략합니다.

ISBN 979-11-7155-182-8　03810
ISBN 979-11-7155-183-5　05810 (E-book)

값 13,000원

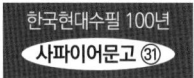
한국현대수필 100년
사파이어문고 ㉛

몽촌 거울에 비친 것들

도병후 수필집

북랜드

| 서문 |

범부의 거울에는

  글을 쓴다는 것은 언어를 선택하고 배열하는 일이다. 작가에 따라 선택하는 언어가 달라지고 배열하기에 따라 시가 되기도 하고 소설이나 수필이 되기도 한다.
  하지만 나의 글은 문학적 가치를 논할 수준이 아니므로 문학작품으로서 수필이라 하기에는 턱없이 부족하다. 굳이 무슨 글인지 밝힌다면 마음 내키는 대로 쓴 신변잡기와 인생살이에 중요하다고 생각하는 이야깃거리이다.
  나는 지극히 평범한 삶을 살아온 범부凡夫이다. 성공으로 가는 길을 찾으신다면 출세한 위인들의 자서전이나 유명한 작가들의 베스트셀러를 읽어야 할 것이다.

헛된 욕심은 사람을 미혹하지만 꿈은 환상의 날개를 달아주는 법이다. 인생의 참된 길을 찾고자 한다면 먼저 자기 자신부터 알아야 할 것이다. 자신의 참된 모습을 알고자 한다면 꿈의 거울에 비춰보면 된다.

진리는 늘 평범한 곳에 있다. 불확실한 시대를 헤쳐 나가려면 먼저 그 열쇠부터 찾아야 할 것이다. 이 글이 누군가의 인생에 맑고 티 없는 거울이 되기를 꿈꾼다.

夢村 도병후

| 추천사 |

지행합일의 진선미를 깨닫다

장 호 병 (사) 한국문인협회 부이사장

 몽촌夢村 도병후 사백님의 수필집『몽촌 거울에 비친 것들』상재를 축하드립니다.
 출판환경이 좋아졌지만 책을 내는 일은 여전히 어려운 일입니다. 특히 자전적 수필집에는 살아온 삶의 궤적이 고스란히 투영되기 때문에 수록하기에는 저어되는 일이 많을 것입니다. 그래도 저자가 온몸으로 세상과 마주하면서 겪은 시행착오를 통한 깨달음으로 독자들에게 공감과 지혜를 제공하니 존경할 만한 일입니다.
 우리는 흔히 진선미를 말합니다.
 진은 세상에 대한 철학적 인식으로 진리를 추구하는 '앎'입니다. 그 앎을 앞세워 우리 앞에 놓인 일을 행할 것인지 뿌리칠 것인지를 결정해야 합니다. 선은 과거의 경험에 비추어 육신의 안락을 취할 것인지, 수고로움을 감내할 것인지 저울질해야 하는 '삶'입니다. 미는 앎과 삶을 통하여 이웃과 한마음이 되는 '닮'음의 세계로 나아가는 과정입니다. 진선미는 결국 지행합일의 결과라 하겠습니다.

  시니어분들의 저서 속에는 동시대인들의 고뇌와 지혜가 켜켜이 쌓여 있습니다. 몽촌夢村 사백은 서문에서 문학적 완성도가 낮다고 겸양의 말씀을 하셨지만 불확실성의 시대를 헤쳐나온 설득력 있는 메시지들입니다. 거기에 독자 여러분의 '앎'과 '삶'을 접목하면 분명 희망의 '닮'음 열쇠를 찾을 수 있을 것입니다.

  우리나라보다 20년 정도 일찍 초고령사회를 맞이한 일본에는 '아라한'이란 말이 생겨났습니다. Around Hundred를 일본식으로 줄여 부르는 말입니다. 최근 일본의 서점가에서 100만 부 전후의 박스권 베스트셀러 작가들의 연령이 100세 언저리입니다.

  영어를 좋아하는 일본인들이 Around Hundred를 일본식 발음으로 アラウント ハントラト 아라운도 한도라도라 읽습니다. 거추장스러워 줄여서 アラハン 아라한이라 부르는 것입니다. 즉 100세 전후의 100만 부 베스트셀러 작가를 이르는 말입니다. 일본의 인기작가 무라카미 하루키를 제칠 정도입니다.

  종착역이 머지않은 분들이 살아온 삶의 고뇌와 깨달음을 집약하였기에 동시대를 살아가거나 살아가야 할 사람들에게 감명을 주나 봅니다. 한국에서도 일본의 아라한에 버금가는 시니어 작가분들이 많이 출현하리라 기대합니다.

  독자제현께서는 이 책 속에 투영된 저자의 치열한 궤적을 좇으면서 공감과 지혜를 얻는 즐거움이 흐뭇하리라 믿습니다. 이 책이 스테디셀러로 사랑받을 것으로 믿는 바 일독을 권합니다.

| 차례 |

■ 서문 | 범부의 거울에는 · 4
■ 추천사 | 지행합일의 진선미를 깨닫다_장호병 · 6

제1부 지선여풍至善如風

나만의 무릉도원	14
관상?	20
꿈에 본 선악과나무	26
화분살花粉煞	31
지선여풍至善如風	36
낙엽의 품	41
사마귀의 기도	46
고향의 숲	51

제2부 렘브란트 법정

소시민의 소확행	58
황혼에 드리는 기도	63
돌하르방	68
판도라의 일기장	74
치매의 축복	79
렘브란트 법정	84
지옥으로 추락한 비둘기	90
참새들의 노래	95

제3부 불공평한 인생을 어찌하리

축복의 메아리   102
작용 반작용의 법칙   106
불공평한 인생을 어찌하리   110
전도몽상顚倒夢想   115
난 참 바보처럼 살았군요   119
미리 쓰는 묘비명   122

제4부 꿈꾸는 기도

쉬지 않고 하는 기도   128
꿈꾸는 기도   132
엎드려 절하기   136
기복祈福보다 행복行福   141
환희의 통곡   145

제5부 빌라도를 위한 변론

교회의 행복　　　　　　　　　152
미완성의 사랑　　　　　　　　156
효도와 신앙　　　　　　　　　160
바보 천사들의 항해　　　　　　165
빌라도를 위한 변론　　　　　　170
사랑의 바이러스와 증오의 바이러스　176

제6부 망각의 은혜, 므낫세 만세!

무조건 용서와 조건부 용서　　　182
망각의 은혜, 므낫세 만세!　　　186
솜털처럼 가벼워야 갈 수 있는 하늘나라　192
신神이 떠나버린 곳　　　　　　197
마음이 만든 허상, 의심　　　　201
네로와 세네카 그리고 예수　　　205

제1부

지선여풍 至善如風

나만의 무릉도원
관상?
꿈에 본 선악과나무
화분살花粉煞
지선여풍至善如風
낙엽의 품
사마귀의 기도
고향의 숲

나만의 무릉도원

친구야! 건강하게 잘 지내는가? 지금 나는 자네에게 지난밤 꿈에 다녀왔던 무릉도원 이야기를 들려주려고 이 편지를 쓰고 있다네.

자네와 나는 같은 대학에서 함께 원예학을 전공하였지. 자네는 교직에서 은퇴하자마자 고향으로 가서 텃밭을 가꾸며 전원생활을 즐기고 있지만 나는 이 나이가 되도록 배추 한 포기 심어본 적 없고 사과나무 한 그루 전정해본 적도 없다네. 졸업하는 날부터 은퇴하는 날까지 줄곧 조경 분야에서만 일하였으니 당연한 결과 아니겠는가.

젊은 시절 남들이 다 부러워하는 테마공원에 근무하면

서 우리나라에서 가장 큰 재벌그룹 회장의 저택을 비롯하여 그 그룹 사업장의 조경에 이르기까지 모두 내 손을 거쳐 설계하고 시공하였다네. 그동안 내 손으로 꾸미고 관리한 조경 면적은 어림잡아도 백만 평을 훨씬 넘는다네. 그러나 이 나이가 되도록 나를 위한 정원은 단 한 평도 꾸며 본 적이 없다네.

은퇴하면 남아도는 것은 시간뿐이라는 것을 자네도 알겠지. 그 많은 시간을 어떻게 보내야 할지 궁리하다가 마침내 나를 위한 정원을 꾸며 보기로 결심했다네. 남들은 조경기술자가 꾸미는 정원이니 얼마나 아름다울까 상상할 테지만 내가 꾸미려는 정원은 그런 게 아니라네. 나는 다만 어린 시절을 보냈던 고향 집의 소박한 정원을 만들고 싶을 뿐이라네.

고향 집은 복숭아꽃 살구꽃 아기 진달래가 만발하는 그런 집이었다네. 어릴 때 자주 불렀던 '고향의 봄' 가사를 그대로 그려놓은 집이었지. 마당 동쪽에는 어른 키 높이 정도로 얼기설기 쌓은 축대가 있었는데 그 돌 틈 사이사이에 아기 진달래 몇 포기가 자라고 있었고 또 다른 돌 틈에는 작은 박새 한 쌍이 둥지를 틀고 있었다네.

축대 위에는 살구나무 한 그루가 있었는데 마당으로 쓰러질 듯 비스듬히 누워있는 모습이 정말 운치가 있었네. 살구꽃이 활짝 피면 마당은 온종일 꿀벌들이 윙윙대는 소리로 요란하였네. 지금도 조용히 눈을 감으면 나도 모르는 사이에 「이니스프리 섬」의 한 구절을 읊조리게 된다네.

사립문 밖에는 복숭아나무 한 그루가 자라고 있었는데 꽃도 많이 피고 복숭아도 많이 달렸지. 아쉽게도 그 나무는 자리를 잘못 잡은 탓에 제 명대로 살지 못하였다네. 나무 그늘 때문에 벼가 자라지 못한다고 불평하시던 마을 이장님이 어느 날 밑둥치까지 바짝 잘라버렸던 거야. 나무가 베어진 지 60년이 넘었으나 그때 그 복사꽃을 생각하면 시나브로 가슴이 두근거린다네.

전원주택을 짓고 정원을 가꾸려면 먼저 토지를 매입해야 하는데 그게 여간 어려운 일이 아니더군.

부동산회사에서 맨 먼저 소개해준 토지는 병천면 도원리에 있는 토지였는데 바로 옆에는 시냇물이 도란도란 흐르고 있었지. 우리 또래로 보이는 땅 주인에게 도원리라는 이름의 유래를 물었더니 무릉도원에서 유래했다더군. 무릉도원이라는 말에 갑자기 고향 집 복사꽃이 떠오르며 가슴이 두근거렸네. 설계를 구상하려고 먼저 토지이용계획을 확인해보았어. 그런데 토지의 절반이 하천구역으로 묶여 있어서 아쉽지만 포기할 수밖에 없었네.

그렇게 다시 한 해가 지나고 이듬해 봄이 되자 이번에는 북면北面 오곡리梧谷里에 있는 토지를 소개받았어. 그곳에 도착하는 순간 너무나 놀라 숨이 막힐 뻔하였다네. 언제 보아도 가슴을 뛰게 하는 복사꽃이 밭두렁을 따라 띠를 두르듯 활짝 피어있었기 때문이라네. 복사꽃에 홀딱 반하여 즉석에서 계약하겠다고 약속하고 말았네.

계약을 앞둔 며칠 전, 매스컴에서 서울세종고속도로 건설공사를 착공한다고 야단이더군. 그 땅 바로 옆으로 고속도로가 지나간다고 하니 공기도 나빠질 것이고 소음도 커질 게 불을 보듯 훤하지 않은가? 결국 두 번째 땅마저 포기하였고 또 한 해가 지나갔다네.

이번에는 동면 동산리에 있는 토지를 소개받았어. 서쪽으로는 실개천이 흐르고 북쪽은 소나무 숲으로 둘러싸여 있었다네. 실개천을 따라 복숭아나무를 심는다고 상상하여보니 무릉도원을 보는 듯 마음에 쏙 들더군. 꼭 살 테니 며칠간 말미를 달라고 하고는 집으로 돌아왔다네.

그날 밤 꿈속에서 그 땅을 다시 찾아갔었어. 낮에 구상해 두었던 대로 실개천을 따라 복숭아나무를 심은 다음 살구나무랑 진달래랑 아내가 좋아하는 감나무와 앵두나무까지 골고루 심었다네. 잔디를 깎다가 잠시 그늘에 앉아 쉬고 있는데 개천 건너편에 사는 어르신이 건너와서 저녁 식사를 대접하겠다고 초대하셨어. 그날 저녁 그 집에서 맛있는 식사를 나누며 무릉도원을 찾은 듯 행복한 밤을 보내다가 돌아왔다네.

오늘 아침, 매매계약을 하려고 일찌감치 부동산 사무실을 찾아갔다네. 사장은 내가 테이블에 앉자마자 등기부와 토지대장 등본을 보여주었어. 두 서류의 소유주가 서로 다르니 포기하는 게 좋겠다고 하더군. 포기하겠다고 대답하는 순간 어젯밤 다녀왔던 무릉도원도 어디론가 자취를 감추고 말았다네. 허탈한 마음을 달래며 사무실을 나서는데 갑자기 무릉도원에 다녀왔던 설화 속의 어부 이야기가 떠오르더군. 그 어부가 무릉도원을 다시 찾아가려고 했지만, 욕심이 눈을 가리는 바람에 길을 잃고 말았다지.

그 어부처럼 나도 그렇게 되고 말았다네. 고향 집의 소박한 정원을 꿈꾸다가 무릉도원까지 넘보고 말았으니 욕심이 지나쳤던 것이지. 이룰 수 없는 헛된 꿈을 꾸고 있으니 이게 바로 노욕老慾 아니겠는가. 해가 서산에 걸린 줄도 모르고 아직도 욕심에 사로잡혀 있었다니….

　욕심을 버려야만 갈 수 있는 곳, 그곳이 바로 무릉도원이라는 사실을 이제야 깨닫네. 욕심 없이 담담하게 살아온 자네가 정말 부럽구나. 그러고 보니 자네야말로 무릉도원에 사는 것이구먼.

(한국수필 2021년 2월호 신인 작가상)

관상?

오랫동안 병상에서 투병하던 S 그룹 회장이 유명을 달리했다.

그로부터 며칠이 지난 어느 날, 친구로부터 "S 그룹 선대先代 회장의 신입사원 선발기준은?"이라는 문자 메시지가 왔다. 무슨 뜬금없는 소린가 해서 머뭇거리다가 그냥 넘어갈 일이 아닌 것 같아 그건 문자로 보낼 만큼 간단한 이야기가 아니라고 답해주었다.

다음 날 전화를 걸어 무슨 일로 그런 문자를 보냈느냐고 물었다. 어떤 모임에서 며칠 전 작고한 L 회장을 화두로 담소를 나누고 있었단다. 이야기가 무르익어가자 누군가가

S그룹 선대 회장은 신입사원을 선발할 때 관상을 보고 결정했다고 주장하더란다. 그것은 오래전 내게 들었던 이야기와 전혀 다른 내용이라 확인차 보낸 문자라고 했다. 질문 요지를 확인했으니 정식으로 답변을 주어야 했다.

실제로 S그룹은 면접시험을 볼 때 이름난 관상가가 참여한다는 소문이 자자했다. 1976년 4월, 용인에 테마파크를 개장하자마자 개발과정에 있었던 여러 가지 불미스러운 사건들을 잇달아 보도하는 신문이 있었다. 그 보도로 인하여 S그룹은 그룹 이미지에 적지 않은 타격을 입었다. 그 무렵 우리 사원들 사이에는 그 기사를 쓴 기자의 관상에 관한 풍문이 나돌았다.

그는 명문대학을 졸업하고 우리 그룹에 입사하려고 지원했는데 필기시험은 우수한 성적으로 합격했으나 면접시험에서 떨어졌다고 한다. 그의 관상을 보았더니 회사에 큰 화를 끼칠 사람으로 보였기 때문에 불합격시켰다는 소문이다. 그때 만약 채용했더라면 이보다 몇 배나 더 큰 화를 입었을 것이라는 내용이었다. 아주 그럴듯한 내용이지만 단언컨대 이것은 출처를 알 수 없는 풍문에 지나지 않는다.

사람을 평가하는 방법에는 두 가지가 있다. 그중 가장 널리 알려진 방법은 관상을 보는 것이고 다른 한 가지는 인격을 보는 것이다. 관상은 사람의 외모를 보지만 인격은 인간 됨됨이를 본다. 사람을 평가하려는 목적은 같지만 해결하는 수단은 전혀 다르다.

면접시험은 얼굴을 마주 보면서 대화를 나누는 형식으로 진행된다. 그러다 보니 자연스레 관상과 인격 두 가지를 함께 보게 된다. 문제는 어느 쪽에 더 많은 관심을 가지느냐이다. 내가 겪은 바로는 회장님 역시 두 가지를 함께 보셨지만, 외모를 보는 관상보다는 내면의 인격을 훨씬 더 중요하게 여기셨다.

70년대 말 S 그룹이 남산 부근에 호텔을 건설할 무렵이었다. 회장님은 매주 수요일과 토요일이면 테마파크로 내려오셔서 간부회의를 주재하셨다. 회의가 끝나면 곧바로 호텔 건설 현장으로 올라가셨는데 그때마다 조경 책임자인 나를 앞자리에 태우고 가셨다. 서울로 가는 동안 주로 호텔과 관련된 이야기를 하셨지만 때때로 그날 회의에 참석했던 간부들에 대한 인물평도 들려주셨다.

그때 가장 부정적인 평가를 받았던 간부들은 대체로 5가지 유형으로 분류할 수 있다. 앞뒤가 다른 말을 하는 사람,

말만 그럴듯하게 하는 사람, 지시만 하고 결과를 확인하지 않는 사람, 자기의 잘못을 남에게 전가하는 사람, 인간관계가 원활하지 못한 사람 등이다. 이런 내용들은 관상을 보고 내린 평가가 아니고 말과 행동을 통하여 내린 평가이다. 이 인물평을 뒤집어놓고 보면 이것은 곧 회장님이 인재를 발탁하는 기준이라 할 수 있다.

회장님은 작고하셨지만, 그분의 인재 등용 기준은 여전히 옳았음을 증명하는 일화가 있다. 어느 해 연말, 중학교 동기들과 함께 송년회를 하는 자리에서 관상에 관한 이야기를 나누었다. 이런저런 이야기를 다 듣고 난 나는 오래전에 회장님에게 들은 기준을 이야기하여 주었다. 그러자 바로 앞자리에 앉아있던 S 그룹 부장이 자신의 앞날을 예측해달라고 부탁했다. 잠시 망설이던 끝에 "자네는 사장까지는 몰라도 전무까지는 틀림없이 승진할 것이야."라고 말해주었다. 관상을 본 게 아니라 회장님의 기준에 따라 그의 인간 됨됨이를 보고 예측해 본 것이다.

이런 일이 있고 나서 몇 해가 지나자 친구는 상무로 승진하였다. 상무 임기가 끝나면 당연히 전무로 승진하리라 기대했는데 어이없게도 감사로 발령 났다. 그 당시 관행으로 보면 감사라는 직책은 임원으로서 막차를 탄 것이나 다름 없었다. 그런데 2년 만에 대반전이 일어났다. 감사 임기가 끝나자 놀랍게도 전무로 승진한 것이다. 회장님의 기준에 따라 그의 인격을 보고 판단하였던 내 예측이 정확하게 맞아떨어진 것이다.

그렇다면 인간 됨됨이를 판단하는 회장님의 기준은 어디에 근거를 두었을까. 이 질문에 대한 해답은 회장님께서 손수 집필하신 『호암자전湖巖自傳』에 고스란히 기록되어 있다. 놀랍게도 그것은 가문 대대로 내려오는 인의예지신 仁義禮智信에 근거를 두고 있었다. 회장님은 그중에서도 '信'을 최고의 덕목으로 여기며 이를 위해 최선을 다하셨다. 그룹의 신용도를 높이기 위해 불철주야 애쓰셨음은 물론이고 신입사원 선발 때도 가장 중요한 조건으로 삼으셨으며 그룹의 후계자를 선정할 때도 마찬가지였다.

우리나라 대기업의 수명은 길어야 30년이라고 한다. 창업자가 늙고 병들면 기업체도 사양길로 접어든다. 거의 대부분 후계자를 발굴하는 데 실패했기 때문이다. 그러나 S그룹은 3대에 이르기까지 세계 최우량 기업으로 건재하고 있다. 이것은 인격을 중심으로 인재를 선발했기 때문이 아닐까.

　친구야! 알겠는가? 회장님이 인재를 선발하는 기준은 관상이 아니라 인격이라는 것을. 회사가 발전하려면 관상 좋은 사람을 뽑을 게 아니라 인격이 올바른 사람을 뽑아야 한다네. 이것이 바로 자네가 보낸 문자 메시지에 대한 회답일세. 관상을 보고 신입사원을 채용한다고 주장하던 그 지인에게 꼭 이야기해주게. 그래도 믿지 않거들랑 이렇게 물어보게.

　"당신 회사에서 사람을 뽑는다면 무엇을 볼 것인지. 인격? 아니면 관상?"

(한국수필 2021년 2월호 신인 작가상)

꿈에 본 선악과나무

　야생화를 길러서 크게 성공한 친구가 있다.
　어느 날 그가 나에게 성경에 나오는 식물들을 모아서 성서식물원을 꾸며 보라고 권했다.
　성경에 가장 먼저 등장하는 나무는 '선악과나무'와 '생명나무'이다. 성서식물원에 없어서는 안 될 나무이지만 어디서도 구할 수가 없다. 이런 사실을 알면서도 권하는 이유는 이 나무들이 이미지 식물이기 때문이라고 했다. 상상력을 동원하여 찾아보시라는 주문이다.
　선악과나무는 에덴동산에만 볼 수 있는 나무이다. 하나님은 에덴동산을 만들어 아담에게 맡기면서 경고하셨다.

"이곳의 각종 나무의 열매는 네가 임의로 먹되 선악을 알게 하는 나무의 열매는 먹지 말라. 네가 먹는 날에는 반드시 죽으리라."

하지만 아담은 하나님의 경고를 무시하고 선악과를 따 먹었다. 그러고는 에덴동산에서 추방당하였다. 그날 이후 선악과나무를 본 사람은 세상 어디에도 없다.

선악과를 먹으면 반드시 죽는다고 하셨지만 죽지 않았다. 죽기는커녕 벌거벗은 것을 부끄러워할 정도로 멀쩡하였다. 도대체 어찌 된 것인가? 아담 부부는 죽음을 본 적도 없고 경험한 적도 없는 사람들이다. 죽는다는 것이 무슨 뜻인지 모르고 있었다. 그런 그들이 드디어 죽음을 경험하게 된다.

어느 날 그들이 낳은 두 아들 카인과 아벨이 하나님 앞에 제물祭物을 바쳤다. 이상하게도 하나님은 아벨의 제물만 받으시고 카인의 제물은 거절하셨다. 영문도 모른 채 거절당한 카인은 얼굴을 붉히며 하나님께 화를 냈다.

그러자 하나님은 그에게 죄가 네 앞에 도사리고 있으니 그 죄를 잘 다스리라고 충고하셨다. 그러나 카인은 죄를 다스리기를 마다하고 동생 아벨을 때려죽였다. 이 비극을 통하여 죽음이 무엇인지 비로소 알게 된 것이다. 그러나 그것은 어디까지나 아벨의 죽음일 뿐 선악과를 따 먹은 당사자의 죽음은 아니다. 아담 부부에게 닥친 죽음이란 큰아들에게 맞아 죽는 작은아들의 모습을 바라보는 고통 그 자체이다. 죽음보다 더 괴로운 고통, 그것이 바로 하나님이 말씀하신 죽음의 개념이다.

이 참혹한 고통은 선악과에 들어 있는 '선과 악' 두 가지 유전자가 충돌하면서 비롯된 것이다. 선악과를 따 먹은 아담의 후손이라면 누구나 이 유전자를 지니고 있다. 지구상의 모든 생물 가운데 이런 유전자를 가진 생물은 인간이 유일하다. 인간을 선악과의 상징이라고 일컫는 이유이다.

또 한 가지 구할 수 없는 나무는 '생명나무'이다. 그 나무의 열매를 먹으면 죽지 않고 영원히 산다고 한다. 진시황이 들으면 당장 따 오라고 할 테지만 어디에 있는지 아무도 모른다. 선악과를 따 먹은 아담 부부가 이 열매까지 따 먹고 영원히 살까 염려하여 아무도 접근하지 못하도록 울타리를 쳐두셨기 때문이다. 이 나무의 열매는 영생을 상징한다.

크리스마스를 며칠 앞둔 어느 날 저녁, 손주들과 함께

TV를 보고 있었다. 화면에 거대한 크리스마스트리가 나타났다. 진짜처럼 정교하게 만든 전나무에 가지마다 수많은 별이 반짝이고 있었다. 봄이면 중학생이 될 큰손녀가 물었다.

"할아버지, 저 나무 이름이 뭐지요?"

"잘 모르겠는데~."

잠이 쏟아지던 터라 얼버무렸다. 그러자 아내 품에 안겨 있던 막내 손녀가 말했다.

"언니야, 저건 별나무야, 별나무. 별들이 주렁주렁 달렸으니 별나무가 틀림없어. 그치요, 할아버지?"

아마도 몇 달 전 서귀포 여행 때 보았던 감귤나무가 생각났던 모양이다. 감귤이 주렁주렁 달렸으면 감귤나무이고 별이 주렁주렁 달렸으면 '별나무'라는 논리이다.

아하, 그렇구나! 그렇다면 선과 악을 상징하는 인간들을 주렁주렁 매달아 놓으면 그게 바로 선악과나무 아닌가! 예를 들어 테레사 수녀처럼 선한 사람들을 조각한 인형과 악의 상징인 히틀러 같은 인간을 조각하여 매달아 놓으면 그게 바로 선악과나무이다. 그럼 생명나무는 어떻게 구하느냐고? 그건 십자가를 주렁주렁 매달아 놓으면 될 것 아닌가!

십자가가 영생을 상징한다는 것은 누구나 알 테니 말이다. 철없는 손녀의 논리에 힌트를 얻어 세상 어디에서도 찾을 수 없는 나무들을 찾아냈다.
　"유레카!"
　너무나 기뻐서 외치는데 누군가가 내 손등을 살짝 꼬집었다.
　"할아버지, 잠꼬대 그만하세요~."
　눈을 떠보니 막내 손녀가 생글생글 웃고 있었다.

(한국수필 2022년 12월호)

화분살 花粉煞

한겨울 내내 베란다에 두었던 철쭉꽃이 피기 시작했다. 추운 곳에 두기가 안쓰러워 거실로 들여놓았더니 커다란 등불을 켠 듯 온 집 안이 훤하다.

며칠이 지난 뒤, 새벽부터 코가 막히고 목이 잠기며 숨이 가빠졌다. 코로나에 전염된 게 아닐까 걱정되어 체온을 재어보니 정상이었다. 아침에 다시 재어보았지만 그대로였다. 열은 없고 코와 목이 막혔으니 내과로 가지 않고 이비인후과를 찾아갔다. 내시경으로 코와 목을 들여다보신 원장님은 '알레르기 비염'이라고 했다. 원인 물질이 무어냐고 물으니 집먼지진드기, 곰팡이, 꽃가루 같은 것들이라고 했다.

꽃가루라는 말을 듣는 순간, 거실로 옮겨둔 철쭉 화분과 함께 50여 년 전에 겪은 고통스러웠던 일이 떠오르며 정신이 아득해졌다.

　꽃가루 알레르기는 내가 새 출발을 할 때마다 나타나서 나를 주저앉힌다. 대학에 갓 입학하여 푸른 꿈에 젖어 있을 때도 그랬고 이모작의 꿈이 무르익어가는 지금도 그렇다.

　꽃가루는 식물이 열매를 맺을 수 있도록 해주는 생명의 가루이지만 나에게 있어서는 살煞이나 다름없다. 그래서 꽃가루에 살煞 자를 덧붙여 화분살花粉煞이라 이름하게 되었다.

　처음 화분살을 맞은 것은 원예과에 입학한 지 두어 달 지나서였다. 오후 내내 개교기념 행사에 사용할 화분들을 보기 좋게 다듬었는데 이튿날 새벽부터 코가 막혀 숨을 제대로 쉴 수 없고 피부도 여기저기 가려웠다. 병원을 찾아가 전후 사정을 설명했더니 꽃가루 알레르기라고 하며 꽃을 너무 가까이하지 말라고 했다.

　꽃을 공부하고 싶어 원예과로 진학한 나에게 이 말은 감당하기 힘든 충격이었다. 어머니에게 어쩌면 좋으냐고 여쭈었더니 답하셨다.

"그렇다면 과수나 채소를 전공하면 어떠냐?"

하지만 그것도 불과 한 달 만에 산산조각이 나버렸다. 여름방학을 맞아 집안 어른들께 인사를 드릴 겸 고향을 찾아갔을 때 일어난 일이다. 먼저 이장님을 찾아뵙고 인사를 드렸더니 장하다고 하시면서 무슨 대학이냐고 물으셨다. 농과대학 원예학과라고 대답했더니 잠시 멈칫하시다가 딱하다는 듯 말씀하셨다.

"야 아~ 야, 너거 집에 무슨 땅이 있다고 그런 공부를 하노?"

농사지을 전답이 한 뙈기도 없는데 그런 공부를 한들 무슨 소용이 있느냐는 뜻이다. 야박하기 이를 데 없는 말이지만 엄연한 현실이었다.

이것도 안 되고 저것도 안 되니 모든 것이 허허로웠다. 대학 생활 하루하루를 무의미하게 보내고 있던 어느 날 솔로몬의 전도서를 만났다. 전도서는 "헛되고 헛되니 모든 것이 헛되다."라는 말로 시작한다. 실의失意에 빠진 내 마음을 훤히 꿰뚫어 알고 있었다.

그렇다면 어쩌란 말인가? 그러자 솔로몬은 말했다.

"너는 아침에 씨를 뿌리고 저녁에도 손을 놓지 말라. 이

것이 잘될는지, 저것이 잘될는지, 혹 둘이 다 잘될는지 알지 못함이니라."

미래는 알 수 없으니 끝까지 최선을 다하라는 뜻이다. 이 말을 나침반 삼아 50여 년의 기나긴 여정을 무사히 마쳤다. 이제 막 이모작을 시작했는데, 이를 어떡하나! 이 몹쓸 놈의 화분살이 또 찾아왔으니….

교직에서 은퇴하자마자 산속에 암자를 짓고 참선에 정진하는 친구가 있다. 그가 나에게 수필가로 등단한 것을 축하한다며 수묵화를 한 점 보내왔다. 넋을 잃고 망연히 서 있는 사람을 그려놓고 〈이르고 보니 떠난 자리〉라는 글귀를 써놓았다. 어쩌면 내 모습을 이리도 닮았을까!

화분살을 맞아 주춤하는 모습도 닮았고 50여 년 전 망연자실하던 그때의 모습도 쏙 빼닮았다. 목적지에 다 온 줄 알았는데 허허롭던 그 자리에 다시 서 있다.

그 옛날 전도서가 내 마음을 꿰뚫어 보았던 것처럼 이 친구 역시 내 마음을 꿰뚫어 보고 있는 듯하다. 얼른 전화를 걸어 화분살을 맞았으니 어쩌면 좋으냐고 하소연하면서 처방전을 내놓으라고 했다.

친구는 허허 웃으며 말했다.

"이 사람아, 그건 살 맞은 게 아니라 길조吉兆일세. 머지않아 좋은 열매를 맺을 거라는 길조라네. 꽃가루를 받으면 열매를 맺는 것처럼 자네도 머지않아 좋은 열매를 맺게 될 테니 안심하게나."

살 맞은 줄 알았는데 길조란다! 생의 본질을 꿰뚫어 보는 명쾌한 처방전이다. 솔로몬의 충고를 다시 들은 듯 용기가 치솟는다. 친구야, 정말 고맙다!

(한국수필작가회 대표작 선집 2021년)

지선여풍至善如風

사람들은 '코로나 바이러스'가 두려워 마스크를 쓴다. 하지만 나는 마스크를 쓰는 게 훨씬 더 두렵다. 산책할 때는 마스크를 쓰지 않아도 될 만한 곳을 찾아다닌다. 가까운 천호지 호수나 태조산 등산로가 제격이지만 아무래도 시원한 바람이 불어오는 호수 쪽을 더 자주 찾는 편이다.

벤치에 앉아 마스크를 벗어 던지고 시원한 바람을 마시는 순간 나는 무한한 해방감을 느낀다. 코로나로 막힌 가슴을 확 뚫어주니 이보다 더 좋은 곳이 어디 있을까 싶다.

어느 날 그늘 밑 벤치에 앉아 바람을 쐬고 있는데 갑자기 바람이 멈춰버렸다. 바람이 멈추고 수면이 잔잔해지면 호수는 한 폭의 수채화로 변한다. 화폭 한가운데는 하얀 뭉게구름이 피어있고 그 주변에는 수많은 연꽃이 다투듯 피어있다. 그 수면 위로 수양버들 가지들이 축축 늘어져 있다. 마치 모네의 그림 〈수련〉을 빼닮은 듯하다. 이런 풍경을 좋아하지 않을 사람이 어디 있을까.

하지만 나는 좋아할 형편이 못 된다. 잔잔한 수면을 보면 가슴부터 답답해지기 때문이다. 나는 폐활량이 남들보다 턱없이 모자란다. 10여 년 전 건강검진을 할 때 평균치의 반밖에 안 된다는 것을 처음 알았다. 호흡량이 부족한 데다가 바람까지 멈춰버리고 수면마저 꼼짝하지 않으니 더더욱 가슴이 갑갑하다.

내 가슴이 이렇게 답답하면 호수 또한 가슴이 답답할 게 분명하다. 허황한 소리로 들릴 수도 있으나 이것은 물리학에 근거를 두고 하는 말이다. 수면이 명경지수明鏡止水처럼 잔잔해지는 것은 물이 스스로 수축하려는 힘을 발휘하기 때문이다. 물리학에서는 이 힘을 표면장력表面張力이라고 한다.

이럴 때면 수면에는 아주 얇은 막膜이 형성된다. 형체도 없고 보이지도 않는 얇은 막이지만 공기가 물속으로 스며

드는 것을 방해하고 있다. 공기가 물속으로 스며들지 못하면 물은 서서히 죽어간다. 어찌 보면 물이 스스로 자기 목을 죄고 있는 셈이나 다름없다.

 호수에서 이런 상태가 오랫동안 지속되면 물속에 산소가 고갈枯渴되어 마침내 물이 썩어버린다. 물이 썩어버린 호수는 죽은 호수나 다름없다. 바람이 멈춰버리면 호수가 답답할 것이라고 주장하는 이유인 셈이다.

 그런 호수를 바라보는 나의 가슴 또한 답답하다. 나 역시 바람이 불지 않으면 가슴이 답답하여 질식할 것만 같다. 호수와 나는 동병상련하는 처지이다.

 지구생태계에 있는 모든 물은 '고인 물'과 '흐르는 물'로 구분하고 있다. 고인 물이란 호수처럼 일정한 장소에 갇혀 있는 물이고, 흐르는 물이란 빗물이나 강물처럼 높은 데서 낮은 곳으로 흘러내리는 물이다. 고인 물은 썩기 쉽지만 흐르는 물은 여간해서 썩지 않는다. 고인 물이 썩지 않으려면 호흡해야 한다.

 호수가 마음대로 호흡하려면 수면을 가로막고 있는 막이 없어져야 한다. 막을 없앨 수 있는 것은 물결뿐이다. 양어장에서 끊임없이 수차水車를 돌리는 이유도 물결을 일으키려는 것이고 연못에서 분수를 쏘아 올리거나 폭포를 떨어뜨리는 것도 물결을 일으키려는 것이다. 하지만 호수처럼 드넓은 곳에 물결을 일으키려면 이런 것들로는 어림도 없다.

호수나 바다처럼 드넓은 곳에 물결을 일으킬 수 있는 것은 바람뿐이다. 바람은 적조赤藻로 썩어가는 바닷물도 깨끗하게 정화할 만큼 엄청난 힘을 지니고 있다.

노자老子는 도덕경에서 물은 세상에서 가장 선한 존재[上善如水]라고 했다. 실제로 물은 지구생태계의 모든 생물을 먹여 살리는 선한 존재이다. 하지만 물이 만약 지구생태계를 순환하지 못한다면 결코 선한 존재가 될 수 없다. 물이 지구생태계를 순환하도록 하는 것은 바람의 힘이다. 사실이 이러하니 바람은 물보다 훨씬 더 선한 존재임이 분명하다.

하지만 노자는 도덕경에서 물만 칭송하였다. 물을 상선上善이라 칭찬하기 전에 바람을 지선至善으로 칭송해야 마땅할 터. 아무도 알아주지 않으니 안타깝다. 나아가 영접하고 싶으나 형체가 없고, 본받아 뒤따르고 싶으나 뒤마저 보이지 않는다.

어찌하면 존경심을 표할 수 있을까 고심하던 끝에 노자님께 도덕경에 지선여풍至善如風을 추가하여 주실 수 없는지 여쭈어보았다. 그 말을 엿들은 것일까, 산들바람이 신명 난 듯 호수 위를 달려왔다. 물결이 넘실넘실 춤을 추자 막혔던 내 가슴도 활짝 트이기 시작했다.

(한국수필 2022년 1월호)

낙엽의 품

　몇 해 전 연말에 조모님 기일을 앞두고 선산先山에 다녀왔다. 산소로 곧장 올라가는 길이 있으나 너무 가팔라서 먼 길로 둘러서 다닌다. 제법 먼 길이지만 경사가 완만하고 낙엽이 두껍게 깔린 숲길이라 산책하듯 편하게 다녀왔다. 아내와 함께 올라가다가 잠시 쉬어가려고 바위에 걸터앉았다. 숲속은 온통 낙엽으로 뒤덮여 있었다.

　낙엽은 언제 보느냐에 따라 느낌이 달라진다. 오래된 책갈피에서 보는 낙엽은 먼 옛날의 아련한 추억을 떠오르게 하고 정원 잔디밭에 떨어지는 낙엽은 「낙엽을 태우면서」라는 수필을 생각나게 한다. 샛노란 은행잎으로 뒤덮인 산책로를 걸을 때는 '골든 카펫'을 걷는 듯 황홀하지만, 쓰레기로 쓸려나가는 모습을 바라볼 때는 허허롭게 느껴진다. 마치 무대에서 퇴출당하는 늙은 발레리나의 뒷모습을 바라보는 듯 쓸쓸하다.

　낙엽은 보는 장소에 따라서도 전혀 다른 느낌을 준다. 공원 산책로에서 이리저리 굴러다니는 낙엽을 보면 스산하다는 느낌이 들지만, 성못길 숲속에 쌓여있는 낙엽을 볼 때는 어머니의 품처럼 따뜻한 느낌이 든다. 낙엽에서 따뜻한 온기를 느끼기 시작한 것은 산에서 여생을 보내고 있는 친구의 경험담을 들은 뒤부터이다. 그는 어느 날 갑자기 모든 재산을 잃고 빈털터리가 되었다.

　엎친 데 덮친 격으로 불치병까지 얻어 죽음의 문턱을 넘나들게 되자 생을 마감하기 위해 산으로 들어갔다. 낙엽이 두껍게 쌓인 양지바른 곳에 앉아서 독한 술을 마시다가 자신도 모르는 사이에 잠이 들었다고 한다.

　며칠이 지났는지 알 수 없는 어느 날, 새소리에 놀라 눈을 떴는데 놀랍게도 몸과 마음이 개운하더라고 했다. 살을 에는 추위에 얼어 죽지 않은 것도 놀라운 일인데 몸과 마음이 개운해졌다니 기적이나 다름없다.

나뭇잎은 봄부터 가을까지 탄소동화작용을 하다가 가을이 되면 나무에서 떨어진다. 대부분 나무 바로 아래로 떨어지지만, 북풍이 끊임없이 부는 능선 위나 산마루에서 떨어지는 낙엽들은 바람에 날려 계곡으로 몰려든다. 그래서 계곡에는 산마루보다 훨씬 많은 낙엽이 쌓이게 된다. 낙엽이 쌓인 곳에는 미생물이 서식하는데 낙엽층이 두꺼우면 두꺼울수록 미생물의 종류도 다양하고 개체 수도 많다. 한겨울에 낙엽 더미에 손을 넣어보면 따뜻한 온기를 느낄 수 있는데 미생물이 낙엽을 분해할 때 발생하는 발효열醱酵熱이다.

추위가 채 가시지 않은 이른 봄에 퇴비를 뒤집어 보면 김이 모락모락 나는 것을 볼 수 있는데 그것이 바로 발효열이다. 낙엽층이 얕은 곳에서는 있는 듯 없는 듯 미지근한 열이 나지만 두꺼우면 두꺼울수록 따뜻한 열이 난다.

친구는 이 발효열 덕분에 얼어 죽지 않은 걸로 믿고 있다. 따끈한 아랫목에 비할 바는 아니지만, 동사凍死를 면하기에는 부족함이 없다는 것이다. 그가 잠들었던 장소가 낙엽이 두껍게 깔린 양지바른 계곡이었다는 사실을 미루어 보면 제법 따뜻한 발효열이 났을 것으로 짐작된다.

낙엽에는 몸으로 느낄 수 있는 발효열만 있는 게 아니라 마음으로 느끼는 따뜻한 기운도 있다. 미생물에게 먹힌 낙엽은 거름이 되어 흙 속으로 스며들었다가 겨울이 지나면 다시 나무로 올라가서 새잎으로 피어난다. 죽은 줄 알았던 낙엽이 새잎으로 되살아난 것이다.

죽었다가 되살아나는 그 모습은 예수 그리스도의 부활과 흡사하다. 낮은 곳에 내려와서 죽었다가 다시 살아나서 하늘로 올라간 예수처럼 나뭇잎 또한 낮은 곳에 내려와서 죽었다가 살아나서 나무로 올라간다.

예수께서 자기의 피와 살을 인류의 양식으로 내어준 것처럼 낙엽은 자기의 몸을 미생물의 양식으로 내어준다. 예수가 인류 세계의 구세주라면 낙엽은 미생물 세계의 구세주이다. 구세주의 품이 따뜻한 것처럼 낙엽의 품 또한 따뜻하다. 모든 것을 쏙 빼닮았으니 당연한 이치 아니겠는가!

나도 모르는 사이에 벌써 인생의 가을로 접어들었다. 이제 내 인생에 남은 여정旅程은 단풍처럼 아름답게 물들었다가 떨어질 일만 남았다.

떨어지고 나면 성못길 숲속 낙엽의 품에 안겼으면 좋겠

다. 하지만 이승을 떠나고 나면 그것으로 끝이다. 아무리 가고 싶어도 갈 수가 없다. 누군가가 일부러 데려다주지 않고서야 어림도 없는 일이다.

  곁에 있는 아내에게 이승을 떠나면 저 숲속에 잠들게 해 달라고 부탁했다. 낙엽이 가는 길을 따르고 싶어서라고. 낙엽이 거름이 될 때 나도 따라 거름이 되고, 나무로 올라갈 때 나도 따라 올라가고, 새잎으로 다시 필 때 나도 따라 피고 싶어서라고…. 아내가 슬그머니 내 손을 잡더니 말한다.

  "나도 함께 따라갈 테야."

(한국수필작가회 대표작 선집 2022년)

사마귀의 기도

저는 여러분이 사마귀라고 부르는 풀벌레입니다.

한자로 '死魔鬼'라고 하여 '죽음의 마귀'라는 뜻이니 이름만 들어도 등골이 오싹할 것입니다. 이름에 귀신 귀鬼 자가 붙은 생물은 저 외에도 두 종족이 더 있지요. 하나는 모래땅에 사는 '개미귀신'이고 나머지 하나는 바다에 사는 '아귀餓鬼'라는 물고기이지요.

개미귀신은 하는 짓이 물귀신과 다름없으니 귀신으로 불리는 게 당연하고 아귀 역시 아가리가 크고 험상궂으니 귀신 소리 들어도 당연할 것입니다. 하지만 저와 같이 연약한 풀벌레를 이들과 같은 반열에 올려놓는 것은 당치도

않습니다. 저의 이름을 아름답고 정겨운 이름으로 고쳐 주시기를 바라는 마음에서 이 기도문을 쓰고 있습니다.

원래 저의 이름은 '버마재비'입니다. 어느 날 저의 몸에 이상한 현상이 일어났어요. 저의 뱃속에 알이 잔뜩 생긴 것이지요. 사람도 사춘기가 되면 몸속에 난자가 생긴다고 하지요. 수컷을 만나 얼른 교미하지 않으면 모처럼 밴 알들이 무용지물이 되고 말지요.

연꽃 위에 얌전히 앉아 페르몬을 내뿜으며 수컷을 기다렸습니다. 아니나 다를까, 튼실한 수컷 한 마리가 살금살금 다가오더니 갖은 애교를 다 떨더군요. 저도 한눈에 반하여 우리는 곧바로 짝짓기를 시작했지요. 그런데 우리 버마재비 암컷들은 짝짓기를 시작하면 곧바로 수컷을 잡아먹게 된답니다. 그래야 더 많은 유정란을 낳을 수 있으니까요. 수컷도 이런 사실을 잘 알고 있는 터라 기꺼이 자기 몸을 먹이로 내어준답니다.

사람의 시각으로 보면 마귀魔鬼 같은 짓이지만 이것은

우리들의 타고난 숙명이랍니다. 애초부터 조물주께서 그렇게 만들어 놓은 것이지요. 저도 그날 그 수컷을 잡아먹었답니다. 그런데 그 장면을 처음부터 끝까지 지켜본 사람이 있었어요. 자세히 보니 가까운 절에서 수행하시는 스님이더군요. 나의 행동 하나하나를 지켜보신 스님께서는 혀를 끌끌 차면서 말씀하셨어요.

"이놈 마귀 같은 놈일세!"

그로부터 며칠 뒤 사하촌 사람들은 우리를 '사마귀'라고 부르더군요.

그런 말이 퍼지기 시작하더니 이제는 모든 사람이 우리를 사마귀라고 부른답니다.

그런데 지구상에서 이처럼 끔찍한 이름으로 부르는 곳은 한국뿐이라는 사실을 아시는지요? 같은 문화권인 중국과 일본에서는 저를 남편과 다툰다고 하여 '당랑螳螂'이라고 부르지요. 아마 당랑거철螳螂拒轍이라는 고사성어를 모르는 분은 없을 것입니다. 그 이야기의 주인공이 바로 저랍니다.

제나라의 왕족 장공莊公께서 어느 날 수레를 타고 사냥터로 가시는데 제가 겁도 없이 앞발을 치켜들고 수레 앞을 가로막았지요. 나의 당돌한 모습을 보신 장공께서 말씀하셨어요.

"아니? 하찮은 풀벌레 따위가 수레바퀴 무서운 줄 모르고 가로막다니! 저 벌레가 만약 사람이라면 틀림없이 용감한 장군이 되었을 것이다."

그렇게 저를 피해 가신 장공 덕분에 저는 하루아침에 '용감한 장군'이라는 별명을 얻었답니다.

생태학을 연구하는 학자들은 저를 어떻게 부르는지 아시나요? 생태학자들은 저를 곤충생태계의 포식자라고 부른답니다. 포식자는 생태계의 균형을 잡아주는 역할을 하지요. 다들 아시겠지만, 후지산의 포식자 늑대가 멸종되자 사슴 같은 초식동물이 기하급수로 늘어나면서 후지산 식물 생태계에 엄청난 위기가 닥쳤지요. 부랴부랴 늑대를 풀어놓아 겨우 안정을 되찾아가고 있답니다.

여러분이 즐기는 친환경 농산물은 저와 같은 곤충계의 포식자가 없으면 재배할 수가 없답니다. 우리가 만약 논밭에서 사라지면 어떻게 될지 생각해봅시다. 논밭에는 온갖 해충들이 활개를 칠 것이고 농민들은 벌레를 잡으려고 농약을 마구 뿌릴 테지요. 그렇게 되면 여러분이 좋아하는 친환경 밥상은 공염불이 됩니다. 그래서 저는 여러분의 밥상을 지켜주는 건강지킴이지요. 사정이 이런데도 우리가 죽음의 귀신으로 보이십니까?

멀리 서양 문화권에서는 앞발을 쳐들고 있는 저의 모습이 마치 기도하는 예언자처럼 보인다고 해서 'Praying Mentis'라고 부른답니다. 마지막으로 어느 대학 여대생들이 곤충표본실에서 주고받은 대화를 소개할까 합니다.

한 아가씨가 장공의 수레 앞에서 앞발을 높이 쳐들고 있는 저의 캐리커쳐를 바라보며 말하더군요.

"얘들아, 여기 이 모습 좀 봐! 어젯밤에 본 오케스트라 지휘자 뒷모습과 너무 닮았어!"

그러자 옆에 있던 친구가 맞장구쳤어요.

"그래 맞아, 긴 날개가 턱시도와 똑같아!"

그러자 또 한 아가씨는 한술 더 떠서 깔깔 웃으며 말하더군요.

"누가 진짜 지휘잔지 모르겠어!"

그날부터 이 아가씨들은 저를 지휘자라고 부른답니다. 얼마나 고마운지 눈물이 날 지경이지요. 그래서 저는 매일 기도하고 있답니다, 한국인 모두가 지휘자로 불러주는 그런 날이 오기를….

(한국수필작가회 동인지 2024년)

고향의 숲

고향을 회상할 때 가장 먼저 떠오르는 것은 옹기종기 모여 있는 초가집과 벌거벗은 민둥산이다. 지금 고향에는 초가집도 민둥산도 사라지고 없다. 초가집은 '새마을 운동'이 한창일 때 슬레이트 지붕으로 바뀌었고 민둥산은 발 디딜 틈도 없을 만큼 나무가 우거졌다.

우리 마을은 예로부터 성주 도都 씨와 효령 사공司空 씨 집성촌인데 지금은 겨우 몇 가구만 남아 명맥을 유지하고 있다. 내가 살았던 50년대에는 60여 가구가 살았으나 이제는 30가구 정도만 남았단다. 그것도 도시에서 귀농한 가구까지 포함한 숫자라고 한다.

젊은이들이 하나둘 도시로 떠나기 시작하면서 마을은 조락凋落의 길로 들어섰다. 어디를 둘러보아도 옛 모습을 간직하고 있는 것은 하나도 없다. 옹기종기 모여앉아 해바라기하던 흙담은 싸늘한 철망 펜스로 바뀌었고 시냇가의 빨래터와 징검다리도 사라진 지 오래다.

모든 것이 사라지고 없는 마을 길을 걸을 때는 을씨년스럽기가 그지없다. 하지만 숲속 오솔길에 들어서면 곧바로 마음이 편안해진다. 얼핏 들으면 이해하기 힘들겠지만 나는 숲속에 쌓여있는 낙엽을 보면 마음이 편안하고 잔디밭이나 도로 위에 떨어진 낙엽을 보면 나도 모르게 우울해진다. 이것은 오랜 세월 조경직에 근무하는 동안 몸에 밴 습관인 듯하다.

서울 올림픽공원에 근무하던 어느 해 가을, 산책로를 점검하던 중에 우연히 동남아에서 온 아마추어 사진작가 일행을 목격한 적이 있다. 한 여인이 잔디밭에 빨간 보자기를 깔고 앉아 이런저런 포즈를 취하고 있었다.

멍하니 하늘을 쳐다보는가 하면 잠시 턱을 괴기도 하고 샛노란 은행잎을 한 움큼 하늘로 흩날리기도 했다. 작가들은 한순간도 놓치지 않으려고 부지런히 셔터를 눌러댔다.

상하常夏의 나라에서 온 이들에게 샛노란 은행잎은 더할 나위 없이 매혹적이리라. 하지만 제아무리 아름다운 은행잎이라도 잔디밭에 떨어진 낙엽은 결국 쓰레기로 쓸려나간다.

 이듬해 가을에도 그 산책로를 점검하고 있었다. 그곳에서 나는 또 다른 경이로운 풍경을 만났다. 은행잎은 비중比重이 무거운 편이라 낙엽 질 때 나무 바로 아래 떨어지기 마련이나 그날은 산책로를 뒤덮고 있었다. 여느 때보다 강한 바람이 밤새도록 불었던 탓이다. 칙칙하던 산책로가 하룻밤 사이에 샛노란 양탄자 길로 바뀌어 있었다. 더할 나위 없이 환상적인 풍경이다.

 하나 아무리 아름다운 양탄자라도 오가는 시민들의 발길에 짓밟히다가 끝내는 쓰레기가 된다. 아름답던 낙엽들이 쓰레기 취급받는 이유는 환영받지 못할 곳에 떨어진 탓이다.

 이런 낙엽들과 달리 숲속에 떨어지는 낙엽은 숲속 생태계에 소속된 모든 생물에게 환영받는다. 내가 근무하던 올림픽공원 조경 사무실 입구에는 아름드리 느티나무 숲이 있고 그 밑에는 맥문동이 무리 지어 자라고 있었다. 삭막

한 겨울을 푸르게 장식해줄 뿐만 아니라 한여름에 무리 지어 피는 보라색 꽃은 비할 데가 없을 정도로 아름답다.

늦은 가을, 느티나무에서 낙엽이 쏟아지고 나면 푸르름을 자랑하던 맥문동 잎은 한동안 자취를 감춰버린다. 낙엽으로 뒤덮인 탓이다. 낙엽은 쓸지 않고 눈과 비를 맞아 저절로 가라앉을 때까지 내버려둬야 한다. 그래야만 맥문동이 싱싱하게 자라서 많은 꽃을 피우기 때문이다.

어느 해 겨울, 누군가가 맥문동을 뒤덮고 있는 낙엽이 지저분하게 보인다며 깨끗하게 정리하라고 했다. 일꾼들은 시키는 대로 청소하듯 낙엽을 쓸어냈다. 그런데 이를 어쩌나, 이듬해 맥문동꽃은 절반도 피지 않았다고 한다. 반가이 맞아들여야 할 낙엽을 문전에서 쫓아버린 탓이다.

낙엽이 가야 할 곳은 숲속 생태계이다. 숲속에서 낙엽을 가장 반기는 생물은 미생물이다. 이들에게 낙엽이 쏟아져 내리는 현상은 하늘에서 만나manna가 쏟아져 내리는 것과 진배없다. 낙엽은 그들의 생계를 이어가는 양식이기 때문이다. 낙엽이 두껍게 쌓이면 미생물은 기하급수적으로 늘어난다. 미생물은 낙엽을 먹고 거름을 만든다.

미생물이 증가하면 덩달아서 거름도 많아지고 거름이

많아지면 숲은 더더욱 무성해진다. 낙엽과 미생물과 숲, 이 셋은 서로 상대를 이롭게 하면서 선순환善循環을 이어간다. 인생살이에 지친 도시 사람들이 하나같이 부러워하는 이상적인 순환이다.

　가을은 인생에 있어서 만년晩年이다. 낙엽이 지듯 나도 언젠가는 낙엽이 될 것이다. 그날이 오면 나도 고향 숲으로 돌아가서 낙엽들과 어울리고 싶다.

(군위문학 8호)

제 2 부

렘브란트 법정

소시민의 소확행
황혼에 드리는 기도
돌하르방
판도라의 일기장
치매의 축복
렘브란트 법정
지옥으로 추락한 비둘기
참새들의 노래

소시민의 소확행

　은퇴한 지 몇 달이 지난 뒤 나도 모르게 우울증이 찾아왔다. 엎친 데 덮친 격으로 아내까지 건강에 심각한 문제가 생겼다. 불안장애에 기억상실증까지 겹쳐 일상적인 일들을 깡그리 잊어버렸다. 나는 아내의 병을 수발들며 크고 작은 가사家事를 도맡아 해야 했다.
　우울증을 앓고 있던 나로서는 정말 고통스러운 나날이었다. 아내는 동네 의원에서 몇 달간 치료받았으나 나을 기미가 없어 대학병원에 입원했다. 불안장애는 곧바로 치료되었으나 기억력은 쉽게 회복되지 않았다.
　그러던 어느 날 오래전부터 알고 지내던 식물원 원장이

우울증에는 원예치료가 좋으니 전원생활을 해보라고 권했다. 곧바로 땅을 매입하여 나무를 심고 텃밭을 가꾸었다.

하루는 산에서 사는 대학 후배가 농장에 필수품이라며 하얀 강아지 한 마리를 선물로 안고 왔다. 그러면서 산에 들어간 첫해 야생동물 때문에 낭패 본 사연을 들려주었다. 채소 모종을 심으면 그날 밤으로 고라니가 와서 몽땅 뜯어 먹었고 고구마나 감자를 심어 놓으면 밤마다 멧돼지가 와서 파헤쳐 놓더라고 했다. 이장에게 하소연했더니 개를 키워보라고 하더란다.

그길로 유기견 보호소에 가서 진돗개와 풍산개 교배종 강아지를 입양했는데 동네 진돗개와 눈이 맞아 새끼를 여섯 마리나 낳았다. 그중에서 튼실한 놈을 선물로 가져왔다.

선물을 준다고 무턱대고 받을 게 아니라 먼저 우리 부부의 질병 치료에 어떤 영향을 미칠지 알아보기로 했다. 대학병원 주치의와 상담하였더니 알레르기만 없다면 치료에 크게 도움이 될 것이라고 했다. 하지만 아내는 물릴까 봐 두려워 가까이하기를 꺼렸다. 어느 날 목줄을 느슨하게 고쳐매려고 머리를 붙잡아달라고 했더니 아내가 덥석 머리를 붙잡았다.

　반항할 줄 알았는데 쥐 죽은 듯 얌전히 있었다. 그날 이후 자신감이 생긴 아내는 수시로 녀석의 목덜미를 쓰다듬는다. 그러면 녀석은 얼른 드러누워 배를 드러내고는 네 발을 바둥거린다.

　우리 농장 앞길은 이웃 아파트 주민들이 많이 오가는 산책로이다. 하얀 진돗개를 데리고 다니는 분이 있는데 알고 보니 애견 훈련소에서 은퇴한 반려견 전문가였다. 어느 날 그가 우리 집 앞을 지나가다가 아내 앞에 드러누워 네 발을 버둥거리는 녀석을 보더니 강아지가 배를 보여주는 건 무조건 복종한다는 의사표시라고 가르쳐주었다. 내친김에 견종犬種이 무엇 같으냐고 물으니 이모저모 살펴보고는 풍산개 같다고 했다.

　녀석을 입양한 지 두 달 정도 지난 어느 날 우리 부부는 함께 '코로나19'에 감염되었다. 병원에서는 일주일간 자가自家 격리하라고 했다. 의사에게 우리를 돌봐줄 보호자가 없다고 했더니 입원하기를 권했다. 이튿날부터 입원하기로 하고 농장에 돌아오자 녀석이 꼬리를 흔들며 반가워했다.

그 모습을 보는 순간 갑자기 눈앞이 아찔했다. 입원하기 전에 먼저 이 녀석을 돌봐줄 사람부터 구해야 했다. 후배에게 연락했더니 여행 중이라 했다. 이사 온 지 얼마 되지 않은 동네라 부탁할 만한 이웃도 없다. 어찌해야 할지 참으로 난감했다.

불현듯 오래전에 읽은 법정 스님의 수필 「무소유」가 생각났다. 스님은 중요한 일로 출타하셨다가 뙤약볕에 내놓고 온 난초 화분이 생각나서 황급히 암자로 되돌아와야 했다. 난초 걱정에 볼일을 제대로 못 본 스님의 처지나 강아지 걱정에 입원을 망설이는 나의 처지나 매한가지다.

스님은 마침내 무소유의 길을 택하기로 결심하고 난초와의 인연을 끊었다. 나도 스님처럼 녀석과의 인연을 끊기로 결심하고 유기견 보호소에 사정을 이야기하니 데리고 오라 했다.

다음 날 아침 녀석에게 마지막 사료를 주려고 다가갔더니 평소와 달리 풀이 죽어 보였다. 반가워하기는커녕 꼬리만 두어 번 흔들다가 주저앉아버렸다. 마치 자신이 버려진다는 사실을 알고 있는 듯했다. 미안한 마음에 목덜미를 쓰다듬으니 슬그머니 드러누워 배를 드러냈다. 그 배를 보는 순간 측은한 마음이 쓰나미처럼 밀려오면서 유기견 보호소로 넘기려던 결심은 봄눈 녹듯 사라졌다.

몇 달이 지난 어느 날 TV에서는 평양에서 선물로 보내온 풍산개를 파양罷養한다는 뉴스로 야단이었다. 스님은 무소유無所有의 길을 가시려고 인연을 끊었지만, 그는 사육비飼育費가 부담스러워 인연을 끊었다. 그분들은 매정하게 인연을 끊었으나 소시민小市民인 나는 측은한 마음에 인연을 끊지 못했다.

그 대신 우리 부부는 강아지의 재롱을 보며 행복한 나날을 보내고 있다. 나를 괴롭혀온 우울증은 언제 그랬느냐는 듯 사라졌다. 무소유의 길을 따라갔거나 사육비를 아까워했더라면 어림도 없는 행복이다. 이게 바로 평범한 소시민이 누릴 수 있는 소확행小確幸 아니겠는가!

(한국수필 2023년 10월호)

황혼에 드리는 기도

 10여 년 전 늦더위가 기승을 부리던 어느 날 늦은 오후, 천호지 호수공원으로 산책을 나섰다. 따가운 땡볕을 피해 골목길로 들어섰는데 폐지를 잔뜩 실은 손수레가 길을 가로막고 서 있었다. 옆에는 동네 폐지를 도맡아 수거하는 아주머니가 담벼락에 기대어 쉬고 있었다.
 평소에는 부부가 함께 다녔는데 그날은 혼자였다. 나를 보자 미소를 지으며 조~기까지만 밀어달라고 했다. 가만히 있어도 땀이 날 정도로 더웠으나 파김치처럼 늘어져 있는 아주머니 모습에 차마 모른 척할 수가 없었다. 내가 앞에서 끌고 아주머니가 뒤에서 밀었다. 한참을 가다가 땀을 식히려고 고속도로 다리 그늘에 수레를 세웠다.

아주머니가 땀을 훔치라며 도톰한 타올 한 장을 건네주었다. 땀을 닦으려는 순간 수건에서 진한 땀 냄새가 풍겨왔다. 어린 시절 어머니의 머릿수건에서 맡았던 땀 냄새와 똑같았다. 초등학교 시절 눈코 뜰 새 없이 바쁜 6월이면 학교는 며칠 동안 가정실습 기간이다. 어머니를 도와 보리타작 마당에서 도리깨질도 하고 모심기도 했다. 그러다가 어머니께서 머릿수건을 벗으면 나는 얼른 얼굴을 내밀었다.

어머니가 땀을 닦아주시는 그 순간이 무어라 형언할 수 없을 정도로 좋았기 때문이다. 아늑하고 포근하고 그윽한…, 온갖 형용사를 다 동원해도 표현할 수 없을 만큼 좋은 느낌이다.

수건을 되돌려주며 어린 시절 어머니를 도와 일했던 이야기며 머릿수건으로 얼굴을 닦아주시던 이야기를 해주었다. 해마다 어머니 기일忌日이면 그때 맡았던 머릿수건 땀 냄새를 회상하며 행복해한다는 말도 덧붙였다. 그러고는 아주머니도 아들의 땀을 닦아준 적 있느냐고 물어보았다.

"우리 아들은 나를 보면 다른 길로 피해버리는데…."

아주머니는 들릴 듯 말듯 낮은 목소리로 말끝을 흐렸다.

아들이 어머니 일을 도와준 적이 없었으니 땀을 닦아줄 기회도 없었다는 뜻이리라. 그런데 잠시 뒤 아주머니가 발끈하며 말했다.

"아니, 아저씨! 역겨운 땀 냄새 맡을 때가 제일 행복했다고요? 남이 들으면 꼰대 소리 한다고 흉볼 겁니다."

'남이 들으면…'이라 했으나 실상은 자기가 하고 싶은 말을 에둘러서 하는 말로 들렸다.

슬그머니 기분이 언짢아졌다. 내가 가장 싫어하는 꼰대 소리를 들었기 때문이다. 이순耳順을 넘길 때부터 나는 꼰대 소리 듣지 않고 곱게 늙어야지 하고 다짐해왔다. 그동안 무던히도 애써왔는데 한순간에 물거품이 되고 말았다.

꼰대 소리 듣지 않기로 결심한 계기는 학창 시절 유난히 노파심이 많았던 K 선생님을 닮기 싫어서다. 선생님은 틈만 나면 훈계하기를 좋아하셨다. 노파심 수준을 넘어 좀스럽기까지 했다. 훈계에 질려버린 우리는 선생님 앞에서는 고분고분했으나 돌아서서는 꼰대 소리 한다고 경멸하곤 했다.

서운한 마음에 인사도 하는 둥 마는 둥 하고는 서둘러 호수공원으로 갔다. 마침 내가 좋아하는 장소의 벤치가 비어 있었다. 해 질 무렵 황금빛으로 반짝이는 윤슬을 바라보고 있노라니 어느덧 마음이 차분하게 가라앉았다.

좀 전에 있었던 일을 다시 생각해 보았다. 꼰대 소리를 단 한 번 들었을 뿐인데도 이토록 서운하다면 수백 번도 더 들었을 선생님의 마음은 어떠했을까? 그때 우리는 왜 선생님의 훈계를 꼰대 소리라고 경멸하였을까? 무엇보다 공감할 수 없는 말이라 싫었고 똑같은 말을 되풀이해서 더욱 싫었다. 제자들의 마음은 헤아리지 않고 일방적인 훈계만 하다가 그렇게 된 거다.

그리고 보니 오늘 나도 마찬가지다. 나 역시 아주머니로부터 공감을 얻지 못한 탓에 꼰대 소릴 들은 거다. 날이면 날마다 땀에 절어 사는 아주머니에게 땀 냄새란 분명 지겹고도 역겨운 냄새일 터. 그 심정을 손톱만큼이라도 헤아려 보았다면 어찌 그런 말을 지껄일 수 있었을까!

상대방의 마음을 귀신처럼 알아낸 사람은 솔로몬 왕이다. 그는 왕위에 오르자마자 백성들의 마음을 헤아릴 수 있는 지혜를 달라고 기도했다. 하지만 나는 이 나이가 되도록 그런 기도를 드려 본 적이 한 번도 없다. 남의 마음도 헤아릴 줄 모르면서 어찌 꼰대 신세를 면하려 했을지 생각할수록 어리석어 보인다. 이제라도 늦지 않았으니 얼른 기도를 드려야겠다.

지글거리던 태양이 어느덧 뉘엿뉘엿 서산을 넘어가고 있다. 하늘과 호수는 곱디고운 노을빛으로 물들어 갔다. 황혼 무렵의 천호지 풍경은 누가 보아도 감탄할 만큼 아름답다. 내 인생의 황혼도 저처럼 아름답게 물들기를 바라며 두 손을 모아 고개를 숙였다.

(한국수필작가회 대표작 선집 2023년)

돌하르방

내 마음속에는 두 분의 할아버지가 살아 계신다. 한 분은 친할아버지고 또 한 분은 외할아버지다. 친할아버지는 귀가 잘 들리지 않는 청각장애인에 한글을 모르는 문맹자이셨다. 어린 시절 감나무에서 떨어지는 바람에 청각장애가 왔다는데 다행히 말을 다 익힌 뒤였던 터라 말하는 데는 장애가 없었다.

할아버지는 사람들과 대화를 나눌 때 항상 미소 띤 얼굴로 상대방을 바라보셨다. 대인 관계에서 한 번도 화내시는 모습을 본 적이 없다. 귀머거리라고 흉을 봐도 웃으셨고 등신 같다고 비웃어도 조용히 미소만 지으셨다.

할머니는 그런 할아버지에게 틈만 나면 교회에 출석하기를 권하셨지만, 할아버지는 빙그레 미소만 지으셨다. 교회에 출석한들 설교도 알아듣지 못할 뿐만 아니라 성경도 읽지 못하시니 아예 포기하신 게 아닐까 짐작된다.

할아버지는 교회에 한 번도 출석한 적이 없었지만, 하나님을 믿고 있었음을 확인해주는 증거가 있다. 그것은 당신의 큰아들(나의 아버님)을 신학대학에 진학시켰다는 사실이다. 하나님이 어떤 존재인지, 예수가 어떤 사람인지 몰랐다면 어찌 소중한 문전옥답을 팔아 신학대학에 보낼 수 있었겠는가.

육신의 귀는 먹었으나 마음의 귀는 열려있었고, 까막눈이었으나 하늘을 쳐다보신 분이다.

친할아버지가 돌하르방 같은 미소의 주인공이라면 외할아버지는 태산泰山 같은 분이시다. 외할아버지의 호號는 농산聾山인데 '귀먹은 산' '벙어리 산'이라는 뜻이다. 서당에 다닐 때 나이에 비해 말이 적고 듬직한 모습을 보신 훈장께서 붙여준 호라고 한다.

외할아버지가 개척하신 청송군 현서면 모계리 진입로에는 외할아버지의 일생을 기록한 공적비가 세워져 있다. 할

아버지는 한평생을 남을 위해 사신 분이다. 이웃 사랑하기를 내 몸같이 하라는 기독교 정신을 실천하는 일에 평생을 바치셨다. 원래 의성읍에서 사셨으나 기독교 이상촌을 건설하겠다는 원대한 목표를 세우고 청송으로 이주하셨다.

모계리 마을을 손수 조성하셨는데 오늘날 택지개발 하듯 격자형으로 넓은 길을 만들어 트랙터가 자유자재로 드나들 정도이니 100년 뒤를 내다보는 혜안을 가지신 분이다.

할아버지의 공적 가운데 가장 두드러진 것은 치수사업 治水事業이다. 해마다 여름철만 되면 마을 앞 하천이 범람하여 농사를 망치기 일쑤였는데 제방을 쌓아 수리안전답으로 바꿔놓았고 의성, 청송 일대 10여 개의 저수지를 쌓는 일에 앞장서셨다.

어느 날 저수지 공사를 하던 중에 가까운 산에 산불이 났는데 할아버지는 저수지 공사에 동원한 인부들을 모두 산불 진화에 동원하셨으며 그날 인건비는 할아버지의 사재로 부담하셨다고 한다.

이렇게 만든 저수지와 제방 덕분에 증산된 쌀이 무려 천 석이 넘었다고 한다. 한평생 남을 위해 일하시느라 경제적 타격을 많이 입으셨지만, 추호도 후회하시지 않으셨다.

외할아버지는 몇 가지 신화적인 이야기를 남기셨다. 중학교에 다니던 시절 어느 해 여름방학을 외삼촌과 함께 외할아버지 댁에서 보냈다. 하루는 저녁상을 물리신 뒤 일제강점기에 경찰서에 구속되셨던 이야기를 들려주셨다.

감옥에 갇혀 있던 어느 날 서장실로 끌려갔는데 중년의 서장이 추궁했다.

"김 장로! 당신은 왜 '동방요배'를 하지 않는가?"

잡혀갈 때부터 순교를 각오하셨던 할아버지는 서장에게 답했다.

"하라면 하겠소. 그러나 나는 허리를 굽힐 때 천황이 빨리 죽게 해달라고 하나님께 기도하겠소."

서장의 얼굴을 조용히 쳐다보자, 마치 눈싸움이라도 하듯 마주 보던 서장이 갑자기 시선을 돌리며 속삭였다.

"김 장로! 당신은 절대 하지 마!"

그날 바로 외할아버지를 풀어주었다고 했다.

서슬 퍼런 일제 강점기에 경찰서장 앞에서 이런 말을 하고도 무사히 풀려났으니 기적이나 다름없다. 10여 년이 지난 뒤 대학교수가 된 외삼촌에게 그런 일이 과연 있을 수 있는 일일까 물어보았다. 외삼촌은 할아버지를 문초했던 경찰서장은 아마도 기독교 신자信者임을 숨기고 사는 사람 이른바 '잠복潛伏 크리스천'이 아닐까 짐작하셨다.

하지만 나는 하나님께서 순교보다 더 소중한 일을 맡기시려고 그리하셨으리라 믿는다. 해방 전후 흉년이 들 때마다 대구에 있는 선교사들을 비롯한 여러 교회를 찾아다니며 헌금獻金을 받아 굶주린 주민들을 구휼救恤하셨기 때문이다.

친할아버지의 은근한 미소는 돌하르방에 새겨져 있고 외할아버지의 숭고한 삶은 공적비에 새겨져 있다. 두 분 다 돌하르방이다. 나는 언제쯤 두 분의 돌하르방처럼 후손들의 존경을 받는 하르방이 될 수 있을까?

나의 침대 머리맡에는 어른 주먹 크기의 돌하르방 하나가 놓여있다. 대학 시절 제주도 여행에서 기념품 가게를 둘러보다가 첫눈에 반하여 산 것이다. 투박하면서도 은근한 미소가 친할아버지를 쏙 빼닮아서 충동 구매한 것이다.

며칠 전 봄맞이 대청소를 하던 중 서가에서 어머님이 집필하신 『회고록 아버지』를 발견하였다. 외할아버지의 공적비가 세워져 있다고 하나 짧은 비문으로는 턱없이 부족하다는 생각에 집필하신 회고록이다. 그 책을 다시 읽으면서 나는 외할아버지의 숭고한 삶을 널리 알리고 싶어졌다.

  나는 지금 80을 코앞에 두고 있는 여섯 손주의 할아버지다. 내가 지나온 길을 두 분 할아버지의 삶에 견주어보면 저절로 얼굴이 붉어질 때가 많다. 하지만 나는 오늘도 두 분 할아버지를 거울삼아 손주들 마음속에 길이 남을 하르방이 되리라 다짐하고 있다.

(한국수필 2024년 5월호)

판도라의 일기장

　손주들이 산타를 기다리던 크리스마스이브에 아버지는 산타를 따라 하늘나라로 가셨다. 장례를 치른 뒤 유족들이 함께 유품遺品 처리 문제를 논의했다. 연말인 데다가 너도 나도 생업에 쫓기던 터라 유품 처리 전문업체에 맡기기로 했다.
　유품 처리 과정에서 뜻밖에 힘들었던 물건이 두 가지가 있었다. 하나는 사회장社會葬 때나 쓸 법한 어마어마하게 큰 영정 사진으로 가정집에서 보관하기에는 너무 커서 버겁다. 유품 처리 업체 사장에게 물으니 액자는 재활용 업체에 넘기고 사진은 소각하거나 분쇄할 것이라고 했다. 비록 사진이지만 아버지의 얼굴이 갈기갈기 찢어지는 것은 가슴 아픈 일이니 불태워달라고 부탁했다.

또 한 가지는 초대형 컬러판 성경책이다. 팥알만큼 커다란 글씨에 컬러사진을 곁들여 놓은 것으로 노인들을 위해 특별히 제작한 듯하다. 두께도 상당한 데다가 무게도 이만저만 무거운 게 아니라 가족들 모두가 고개를 저었다.

어떻게 처리하나 망설이는데 나이 지긋한 일꾼 한 분이 물었다.

"이 성경책 버릴 거면 내가 가져도 되나요?"

천사를 만난 듯 반가웠다. 흔쾌히 가져가시라고 대답하니 고맙다고 두 번 세 번 절하면서 챙겨가셨다.

이것저것 다 정리하고 홀가분한 기분으로 집에 돌아왔다. 하지만 그게 끝이 아니었다. 집에는 영정 사진이나 컬러판 성경과는 비교도 안 될 만큼 크고 무거운 유품이 기다리고 있었다.

교육계를 떠나 인권운동을 시작할 때부터 37년간 써오신 일기장이다. 병세가 점점 깊어가던 어느 날 "저 일기장은 네가 알아서 처리해라."라고 하셨다. 대학노트에 하루 한두 페이지를 기록한 것으로 무려 78권에 이르는 방대한 기록이다. 이듬해 봄 첫 페이지부터 꼼꼼히 읽기 시작했다.

그러다가 한 해 치 두 권이 사라지고 없다는 걸 알았다. 그해는 전통 야당에 등 떠밀려 국회의원 후보로 출마하셨던 해이다. 보수성이 유별난 대구에서 7선의 국회의장에게 도전한다는 것은 달걀로 바위를 치는 것만큼 무모한 일이다. 하지만 아버지는 최선을 다해 싸우셨고 놀라우리만큼 많은 표를 얻었다.

그 치열했던 시절의 기록이 흔적도 없이 사라졌으니 황당하기 이를 데가 없다. 게다가 공개해서는 안 될 비밀스러운 내용도 한둘이 아니다. 아버님 당신의 비밀은 물론이고 주변 인사들의 위선적인 행태까지 적나라하게 기록되어 있다. 말년의 거듭된 투자 실패 또한 남이 알까 창피한 내용이다. 그러던 중 어느 날 갑자기 감당하기 힘들 정도로 마음이 아프기 시작했다.

그것은 세 명의 동생들을 시도 때도 없이 도와준 사실을 알게 되면서다. 20여 년 전 내가 너무 힘들어서 손을 내밀었을 때, 그토록 냉혹하게 거절하시더니…. 어쩌면 이럴 수가 있을까? 서운한 감정은 페이지를 넘길수록 더욱 심해져 갔다. 더 이상 읽을 수가 없었다. 아버지에 대한 존경심에 조금씩 금이 가기 시작하더니 동생들을 보는 시선마저 험악해졌다.

　판도라의 상자를 열었던 사람들이 온갖 재앙으로 고통받았던 것처럼 일기장을 읽은 나 또한 고통의 깊은 수렁으로 빠져들었다. 아버지의 일기장은 나에게 있어서 평범한 일기장이 아니라 판도라의 상자나 다름없다.

　코로나가 기승을 부리던 21년 가을, 캐나다로 이민 가서 홀로서기에 성공한 맏아들 내외가 잠시 귀국했다. 두어 달 함께 생활하며 지난 이야기를 나누던 중에 나는 내가 빠져든 고통의 수렁이 어디서 발원發源하는지를 깨달았다.

　나는 맏아들이 이민 갈 때 빈손으로 보냈다. 우리 부부가 살림날 때 아버지께서 빈손으로 보낸 것처럼 나 또한 그리한 것이다. 그렇게 하는 것을 홀로 서게 하려는 채찍질이라 여겼기 때문이다.

　한데? 이를 어쩌면 좋은가! 내가 아들을 홀대한 것이 홀로 서게 하려는 사랑의 채찍질이라면 아버지의 홀대 또한 사랑의 채찍질 아니겠는가! 아버지의 의도적인 홀대가 있었기에 나는 여봐란듯이 일어설 수 있었다.

　사랑의 채찍질을 미움의 매질로 곡해曲解하면서 나의 고

통은 시작되었다. 나를 괴롭히던 수렁의 발원지는 일기장이 아니라 옹졸한 나의 마음이다.

그해 크리스마스이브에 아버지 영전에 용서를 빌었다. 드디어 고통의 늪에서 탈출할 수 있었고 동생들을 바라보는 눈길도 한결 부드러워졌다. 그 뒤로 판도라의 일기장은 누가 볼까 두려워 창고 깊숙이 숨겨두고 있다. 하지만 언제까지나 저렇게 둘 수야 없는 노릇이다.

크리스마스이브가 오기 전에 서둘러 작은 화로火爐부터 마련해야겠다. 뒤뜰 잔디밭에서 크리스마스이브를 기다리며 밤마다 하루 한 권씩 불태울 작정이다. 그렇게 크리스마스이브가 오면 아버지를 만나 한 가지 소원을 빌 참이다.

사랑하는 우리 손주들 양말마다 홀로서기 정신을 가득가득 채워주시기를….

(한국수필작가회 대표작 선집 2025년)

치매의 축복

　지난해(2024년) 봄 자고 일어나니 왼손 중지가 꼬부라져서 펴지지를 않았다. 정형외과에 갔더니 원장님은 주사를 놓아주면서 2주 정도면 나을 것이니 안심하라고 했다. 하지만 한 달이 넘도록 펴지지 않았다. 하는 수 없이 대학병원 정형외과에 가서 진료받았다. 손을 무리하게 써서 그러니 완치될 때까지 왼손을 절대로 쓰지 말라고 했다.

　반려견과 산책할 때 왼손을 무리하게 써서 그런 듯하다. 녀석이 워낙 사람을 좋아하는 터라 산책길에서 사람을 만나면 꼬리를 치며 다가간다. 개를 좋아하는 사람은 귀여워하지만 싫어하는 사람은 질색하며 화를 낸다. 하는 수 없이 목줄을 매고 다녔는데 이 녀석 힘이 얼마나 센지 감당이 불감당이다.

　병원에서는 반려견과 산책하기를 즉시 중단하라고 권했다. 그 말을 증명이라도 하듯 며칠 동안 산책을 거르고 나면 좋아지곤 했다.

　고심하던 끝에 원하는 사람이 있으면 입양 보내기로 결심하고 여기저기 알아보았다. 마침 평소 알고 지내던 조경회사 사장이 자기 농장에 농장 지킴이로 데려가겠다고 했다. 사장이 트럭에 태우려고 아무리 애를 써도 버티던 녀석이 내가 다가가서 머리를 쓰다듬어주면서 "보리야! 잘 가거라."라고 말하니 냉큼 올라탔다.

　그렇게 녀석을 보내고 나서 우리 부부는 극심한 상실감에 빠져들었다. 하지만 그것은 시작에 불과했다. 전에 앓았던 질병들이 하나둘 꿈틀대기 시작한 것이다. 게다가 초여름부터 유례없는 더위는 우리 부부를 질병의 나락으로 몰아넣었다. 아내는 몇 해 전에 앓았던 인지장애가 재발했는데 대소변도 가리지 못할 정도였다. 아내가 앓아누웠으니 나도 덩달아 우울증에 시달리기 시작했다.

　대학병원에서 약물로 치료받았으나 나아지는 기미가

보이지 않았다. 하는 수 없이 3년 전에 시술하여 크게 효과를 보았던 '전기충격 치료'를 다시 해달라고 부탁했다. 하지만 전공의들의 파업으로 불가하다고 했다. 더위가 한풀 꺾인 10월 중순 교수님은 대구에 있는 선배의 병원을 소개하면서 거기 가서 '전기충격 치료'를 받으라고 했다.

하지만 한 달 가까이 입원하며 시술받았으나 별다른 효과가 나타나지 않았다. 여전히 소변을 가리지 못하는 것은 물론이고 양치질까지 내가 해줘야 했다. 답답한 나머지 주치의에게 물었다.

"도대체 무슨 병입니까. 얼마나 더 시술받아야 해요?"

그러자 의사가 슬그머니 나의 손을 잡고 병실 밖으로 가더니 낮은 목소리로 알츠하이머 치매라고 하면서 치료는 할 만큼 했으니 이만 퇴원하는 게 좋겠다고 했다. 치매라는 말을 듣는 순간 눈앞이 캄캄해졌다. 남은 생애를 치매로 끝맺게 되다니! 입원실 창가에 서서 한바탕 소리 내어 울고는 곧바로 퇴원 절차를 밟았다.

집으로 돌아와서 저녁 밥상을 물리자마자 아내는 곧바로 깊은 잠에 빠져들었다. 24시간을 내리 자고 이튿날 저녁 깨어나더니 기지개를 활짝 켜고는 "여보! 나 당신하고 결혼 한 번 더 하고 싶다."라고 말했다.

　무슨 뜬금없는 말인가? 결혼을 한 번 더하고 싶다니! 너무나 놀라운 말이라 얼른 달려가서 말했다.

　"그래그래 나도 그러고 싶다!"

　그러고는 조용히 등을 쓰다듬어주자 아기처럼 살포시 안기더니 다시 잠들었다.

　긴 잠을 자는 동안 아내의 두뇌 속에서 아무도 모르는 비밀스러운 변화가 일어난 듯하다. 그동안의 치료 효과가 한꺼번에 불쑥 고개를 내민 것이리라. 그날 이후 아내는 대화를 나눌라치면 활짝 웃기부터 한다. 그러면 나도 덩달아 하하 웃으며 맞장구를 쳐준다. 온종일 웃음을 주고받으니 하루하루가 기쁨의 연속이다.

　그렇다! 이게 바로 기적이다. 어떤 치매 환자는 입만 열면 욕설을 퍼붓고, 어떤 환자는 벌컥벌컥 화를 낸다고 들었다. 심한 경우 폭력을 일삼기도 한다는데 아내는 항상 웃으니 치매 환자라고는 믿어지지 않는다. 비록 국을 끓이거나 반찬 만드는 것은 까맣게 잊었지만, 설거지는 깔끔하게 잘한다. 대학병원 교수님은 치매 초기 단계로 되돌아간 것으로 보셨고 수많은 치매 환자를 보아온 요양보호사는 정말 치매인지 의심스러울 정도라고 했다.

  20여 년 전 어느 날 저녁상을 물린 뒤 나는 아버님에게 '항상 기뻐하라'라는 성경 구절을 가훈으로 삼겠노라고 말씀드렸다. 그날 이후 나는 가훈대로 살아보려고 무던히도 애써왔다. 하지만 모든 일을 기뻐하며 웃는다는 건 거의 불가능에 가까운 일이다.

  그 어려운 소원이 아내의 치매와 함께 이뤄졌다. 이야말로 하늘이 내린 축복 아니겠는가! 생을 마감하는 그날까지 함께 웃으며 오순도순 살기를 빌어본다.

(한국수필 2025년 6월호)

렘브란트 법정

　공정하고 정의로워야 할 법정에서 억울하고 불공정하게 판결하는 경우가 허다하다. 역사상 가장 불공정한 법정은 아마도 종교법정이 아닌가 생각한다. 얼핏 생각하기에 종교법정이라고 하면 신의 뜻을 받들어 재판하는 곳이니 공정하고 정의롭게 판결하리라 상상할 테지만 그것은 희망 사항일 뿐이다. 신의 뜻을 받들어 재판하는 것이 아니라 종교 권력자들의 뜻에 따라 재판하기 때문이다.
　예를 들라고 한다면 나는 단연코 돌아온 탕자와 그의 형을 재판한 화가畫家 렘브란트의 법정을 손꼽는다. 비록 검사와 변호사가 없으니 법조문을 둘러싼 정식 재판은 아니지만, 아직도 한 사람의 억울한 피해자가 고통받고 있기 때문이다. 이 법정의 피고는 두 명인데 한 명은 아버지의 재산을 탕진하고 거지가 되어 귀향한 작은아들이고 다른 한 명은 오랫동안 늙은 아버지를 정성껏 모셔 온 큰아들이다. 빛의 화가 렘브란트는 이 법정의 검사이자 판사이다.

렘브란트는 1668년 두 형제를 재판하고 그 판결문을 〈탕자의 귀향〉이라는 제목의 그림으로 그렸다. 이 그림은 현재 러시아 상트페테르부르크의 예르미타시 미술관에 전시 중이다.

그림의 왼편에는 남루한 옷차림의 왜소한 남자가 붉은 망토를 걸친 노인 앞에 무릎을 꿇은 채 엎드려있다. 노인은 서로 다른 크기의 두 손으로 그의 등을 어루만지고 있다. 그림 한가운데 어두운 곳에는 하인인 듯한 사람 몇몇이 묘한 표정을 짓고 있으며 오른편에는 화려한 외출복 차림의 젊은이가 꼿꼿하게 서 있다.

꿇어 엎드려있는 사람은 돌아온 탕자이고 붉은 망토의 노인은 두 아들의 아버지이며 거만스레 서 있는 젊은이는 맏아들이라고 한다. 탕자와 늙은 아버지의 모습은 상황과 맞아떨어지도록 그려졌으나 방금 파티에서 돌아온 듯 화려한 외출복 차림을 한 맏아들은 실제 상황과 전혀 다르게 그려놓았다.

 탕자가 귀향하여 아버지 앞에 엎드려있을 즈음 맏아들은 밭에서 일하다가 집으로 돌아오고 있었다. 일터에서 돌아오던 중이니 작업복 차림이 당연할 터인데도 파티에 참석할 때나 입는 붉은 망토를 입혀 놓았다는 것은 처음부터 뭔가 왜곡하려는 의도가 다분하다.

 렘브란트는 도대체 무엇을 근거로 이렇게 묘사하였을까? 의문을 풀어보려고 자료를 찾던 중 가톨릭 신부님이자 이름난 문필가인 '헨리 나우웬' 교수님의 저서 『탕자의 귀향』에서 그 해답을 얻을 수 있었다.

 이 책은 렘브란트의 그림 〈탕자의 귀향〉을 해설해놓는 책이다. 맏아들을 붉은 망토 차림에 거만한 모습으로 그린 이유는 그를 바리새인 같은 인간으로 판단했기 때문이란다. 그림도 잘 모를 뿐만 아니라 성경에도 눈뜬장님이나 다름없는 내가 보기에도 터무니없다. 나는 맏아들의 변호인을 자청하면서 그가 과연 바리새인처럼 사악한 인간인지를 확인하기 위해 이 사건이 기록된 성경을 다시 읽어 보았다.

맏아들이 밭에서 일하다가 돌아오는데 집안에서 요란한 풍악 소리가 들려왔다. 가까이 있는 하인을 불러 무슨 일이냐고 물어보니 주인어른께서 동생이 무사히 돌아온 것을 기뻐하여 살찐 송아지를 잡아 잔치를 벌였노라고 했다.

살찐 송아지는 귀한 손님을 대접할 때나 잡는 법인데 패륜을 저지르고 돌아온 동생을 위해 살찐 송아지를 잡았다니? 맏아들은 화가 나서 집에 들어가기 싫다고 하더니 그 자리에 털썩 주저앉아버렸다. 이 소식을 들은 아버지가 깜짝 놀라서 달려 나왔다. 아버지를 본 맏아들은 하소연했다.

"아버지, 저는 그동안 아버지를 위해서 하인처럼 일하며 아버지의 명령을 어긴 일이 한 번도 없었습니다. 그런데도 저에게는 친구들과 즐기라고 염소 새끼 한 마리 주지 않더니 창녀들에게 빠져 아버지의 재산을 다 날려버린 동생이 돌아오니까 살찐 송아지를 잡아주시다니요?"

아마도 렘브란트는 이 대목을 읽는 순간 벌컥 화를 냈을 것이다.

"감히 아버지 말을 거역하고 불평을 늘어놓다니…, 겉으로는 효자인 척하면서도 속마음은 바리새인인 게 틀림없어."

렘브란트는 그를 바리새인처럼 그려놓고는 붓을 놓았다. 이 재판의 핵심 증인인 늙은 아버지의 진술은 들어보지도 않은 채 재판을 종결한 것이다.

자신의 죄를 뉘우치고 돌아온 작은아들에게 면죄부를 주는 건 지극히 당연할 터이나 오랫동안 아버지를 위해 종처럼 일해온 맏아들에게 바리새인이라는 누명을 씌운 것은 편협한 판결이다. 그날 이후 맏아들은 렘브란트의 명화名畫〈탕자의 귀향〉에서 바리새인이라는 누명을 쓴 채로 영어囹圄의 몸이 되어 있다.

역사에 만약이란 없다지만 렘브란트가 만약 늙은 아버지와 큰아들의 대화를 끝까지 다 들었더라면 어떻게 판결했을까? 그는 맏아들의 항의를 불순한 의도가 숨겨져 있는 말로 판단했으나 아버지는 효자로서 당연히 할 말을 한 것으로 판단하고는 이렇게 답했다.

"얘야, 내가 가진 모든 것은 전부 다 네 것이다. 그까짓 염소 새끼 한 마리가 아니라 내가 가진 모든 것을 너에게 준다."

여기서 아버지라는 존재는 하나님을 상징한다. 그러니 아버지의 답변은 곧 하나님께서 내린 판결이다. 렘브란트 법정에서는 바리새인이라는 억울한 누명을 썼으나, 아버지 하나님의 법정에서는 하늘나라를 물려받았다.
  렘브란트의 판결처럼 큰아들이 정말 바리새인 같은 인간이라면 하나님은 바리새인에게 하늘나라를 물려준 셈이다. 렘브란트여! 그대는 이 엄청난 모순을 어떻게 해명하시려는가….

지옥으로 추락한 비둘기

　새들은 나무가 우거지고 풀숲이 무성한 곳에 둥지를 튼다. 그런 곳일수록 먹이가 풍부할 뿐 아니라 쉽게 몸을 숨길 수 있어서다. 내가 터 잡은 상동리 농장 주변은 새들이 살기에 알맞은 환경이다.
　농장 코앞에 있는 야산에는 오래된 층층나무가 하늘이 보이지 않을 정도로 울창하게 우거져 있고 그 옆으로는 야생 참나무와 심은 지 50년은 훨씬 넘은 듯한 밤나무숲이 어우러져 있다. 양봉업자들이 탐을 낼 만큼 꽃이 많고 열매도 풍성하니 새들의 천국이 따로 없을 정도다.
　층층나무 숲은 까치, 물까치들의 영역이고 참나무 숲은

비둘기 두어 쌍이 자리를 잡고 산다. 숲 안팎에는 관목 덤불이 우거져 있는데 참새를 비롯한 방울새 곤줄박이 박새 오목눈이와 같은 몸집이 작은 새들의 영역이다.

  6월 초순 블루베리가 보랏빛으로 물들어 가던 어느 날, 물까치 한 마리가 나무 위에 앉아 사방을 두리번거리고 있었다. 못 본 척 숨죽이고 있었더니 뭐라고 지저귀는 소리가 들려왔다. 그러자 물까치 서너 마리가 스르르 블루베리 나무에 내려앉더니 잘 익은 블루베리만 골라서 쪼아먹기 시작했다.

  지난주에는 장마가 오락가락하는 틈을 타서 잔디를 깎았다. 땀을 식히느라 농막에서 잠시 쉬고 있는데 창밖으로 물까치 네다섯 마리가 잔디밭에서 뭔가를 부지런히 쪼아먹는 모습이 보였다. 도대체 뭘 저토록 열심히 먹는지 잔디 깎은 자리를 유심히 살펴보았더니 금방 부화한 것으로 보이는 어린 메뚜기를 비롯하여 아주 작은 풀벌레들이 분주하게 움직이고 있었다. 물까치들이 한 차례 먹고 지나가면 참새 떼가 몰려와서 잔치를 벌였다. 하지만 비둘기들은 그 자리에 얼씬도 하지 못한다. 녀석들은 수적數的으로 열세인지라 달콤한 블루베리뿐만 아니라 잔디밭에 넘쳐나는 풀벌레조차 넘볼 수 없다.

　비둘기는 어느덧 나에게 연민의 대상이 되었다. 눈 덮인 겨울이 되자 비둘기들이 먹잇감이 모자라서 굶주리지나 않을까 신경이 쓰였다. 하지만 이것은 나만의 착각이었다. 며칠째 눈이 쌓여있던 어느 날 비둘기가 걱정되어 해묵은 콩 두어 줌을 뿌려놓았다. 한데 사나흘이 지나도록 그대로 있더니 닷새가 되자 비둘기 한 쌍이 나타났다. 녀석들은 맛있다는 듯 고개를 끄덕이며 유유히 쪼아먹고 있었다. 그 모습을 물끄러미 바라보는데 문득 20여 년 전 서울 올림픽공원 평화의 광장에서 보았던 비둘기들이 생각났다.

　평화의 광장은 올림픽공원의 주된 출입구로서 광장 전체가 화강석으로 포장되어있다. 광장 입구에는 웅장한 평화의 문이 우뚝 서 있고 하늘에는 평화를 상징하는 비둘기 떼가 시나브로 날아다닌다. 더할 나위 없이 아름답고 평화로운 광장이다.

　광장의 사면四面은 아름다운 화분花盆들로 둘러싸여 있는데 이른 봄부터 된서리가 내리는 늦가을까지 철 따라 꽃을 바꿔 심는다. 하지만 한겨울에는 꽃양배추밖에 심을 만한 게 없어서 보는 이들 모두가 아쉬워했다. 더 좋은 게 없을지 궁리하던 끝에 청보리를 심기로 했다.

삭풍이 몰아치는 썰렁한 겨울 광장에 청보리가 파랗게 자라는 풍경은 상상만 해도 가슴이 설레었다. 하지만 씨앗을 뿌리는 첫날부터 예상치 못한 훼방꾼이 나타났다. 굶주린 비둘기들이 횡포를 부린 것이다. 씨앗을 심어 놓고 돌아서면 곧바로 흙을 파헤치고 씨앗을 쪼아먹었다. 광장 바닥은 온통 비둘기들이 파헤친 흙으로 난장판이 되었다.

걸신이 들린 듯 허겁지겁 파먹던 비둘기 떼를 생각하면 지금도 아귀餓鬼 떼를 보는 듯하여 섬뜩하다. 평화의 상징이라는 비둘기가 이토록 사납게 설치는 이유는 단 한 가지, 굶주렸기 때문이다. 88올림픽 때는 평화의 상징이라고 칙사대접하더니 언제부턴가 배설물을 많이 싼다고 먹이를 못 주게 하니 허구한 날 굶주리는 것이다.

늦가을까지는 그럭저럭 먹을 게 있지만 초겨울부터는 굶주리는 날이 훨씬 더 많다. 겨울이 되면 평화의 광장은 굶주린 비둘기의 울음소리로 지옥을 방불케 한다. 인심 좋은 시민들이 팝콘을 나눠주던 때가 엊그제 같은데 똥싸개라고 발길질까지 하니 지옥이나 다름없다.

평화라는 이름의 열기구熱器具를 타고 하늘 높이 올라갔

다가 올림픽 성화聖火가 꺼지면서 지옥으로 곤두박질쳤다. 평화의 상징이라는 허울 좋은 이름 뒤에 굶주림이 도사리고 있으니 참으로 기구한 운명이다. 시대를 잘못 타고난 탓인가 아니면 이웃을 잘못 만난 탓일까. 이 시대의 부끄러운 민낯을 보는 듯하다.

참새들의 노래

5년 전 드디어 꿈에 그리던 농장을 마련했다.

오랫동안 꿈꿔왔던 무릉도원이 코앞에 다가온 듯 가슴이 설레었다. 지목은 논[畓]인데 흙을 돋우어 밭으로 만들었다. 트랙터를 빌려 이랑을 만들고 들깨와 콩을 심었다. 자투리땅이 남아서 김장 배추와 무도 심었다.

농협에 조합원으로 가입하고 농업경영체 등록도 마쳤다. 7월 하순에 심은 들깨를 초겨울에 들어서야 기름을 짰는데 달랑 네 병밖에 나오지 않았다. 모종값이랑 인건비랑 그동안 들어간 돈을 계산해보니 들기름 한 병에 삼십만 원이나 들었다. 배추는 백이십 포기를 심었는데 고라니와 벌레가 극성을 부리는 바람에 겨우 칠십 포기만 남았다. 콩은 채 여물기도 전에 추위가 왔으니 계산해 보나 마나 적자이다.

 농장을 마련한 그해 추석 무렵부터 아내가 갑자기 이상해졌다. 어느 날 한밤중에 무섭다고 하면서 내 방으로 건너왔다. 그날부터 하루도 빠짐없이 그 시간만 되면 건너왔다. 밥 짓기는 물론이고 반찬 만드는 것도 깡그리 잊어버렸으며 현관 비밀번호까지 잊어버렸다. 그동안 아내가 맡아서 하던 집안일을 내가 다 해야 했다. 아침에 일어나면 부랴부랴 아침상을 차리고 설거지를 마치고 나면 점심상을 준비하고 돌아서면 다시 저녁상을 차리는 일상이 다람쥐 쳇바퀴 돌듯 반복되었다.

 아픈 아내도 힘들었을 테지만 언제부턴가 나도 우울증을 앓기 시작했다. 가까운 동네 병원에서 치료받았으나 나아지는 기미가 보이지 않았다. 그러던 어느 날 새벽, 드디어 아내가 사고를 치고 말았다. 밤새도록 이상한 사람들에게 쫓겨 다니는 악몽을 꾸다가 새벽 무렵 현관문을 열고 거리로 뛰쳐나가 무작정 헤매고 다녔다. 그러다가 정신이 돌아왔는데 어디가 어딘지 전혀 모르는 낯선 곳이었다고 한다. 마침 택시 정류장에서 손님을 기다리던 기사에게 길 좀 가르쳐 달라고 부탁했더니 이상히 여긴 기사 아저씨가 경찰에 신고해서 무사히 귀가했다.

동네 병원을 찾아갔더니 진료의뢰서를 써주면서 즉시 대학병원으로 가라고 했다. 여러 가지 복잡한 검사를 마치더니 입원하라고 했다. 다행히 입원한 지 한 주일 만에 기억력을 되찾은 것은 물론이고 불안장애와 악몽까지 씻은 듯 없어졌다. 하지만 언제 재발할지 알 수 없으니 꾸준히 통원 치료받으라고 했다.

그러는 사이에 농장의 봄은 쏜살같이 지나갔다. 잡초가 여기저기 보이는가 싶더니 걷잡을 수 없을 정도로 무성해졌다.

어느 날 늦은 오후, 오랜만에 아내와 함께 농장에 들렀더니 참새 떼가 우르르 하늘로 날아올랐다. 내가 자리를 비우면 몰려왔다가 나타나면 다시 사라지곤 했다.

참새 떼를 보면 어릴 적 고향 집이 저절로 생각난다. 우리 집은 초가집이었고 참새들은 초가지붕 처마에 둥지를 틀고 살았다. 먼동이 트고 아침햇살이 비치기 시작하면 참새들이 지저귀기 시작한다. 집 주변에는 산비둘기, 까치,

박새, 동고비도 살았으나 그중에서 가장 정이 가는 새는 참새였다. 70년이 지난 지금 참새들의 노래를 다시 듣게 되니 고향 집을 되찾은 듯 반가웠다.

그러던 어느 날 이웃 밭에서 농사짓는 어르신이 자기 밭에 쓰고 남은 제초제를 우리 농장에 뿌려주셨다. 제초제를 뿌린 이튿날부터 싱싱하던 풀잎들이 축축 늘어지더니 어느새 누렇게 말라 죽었다. 며칠 뒤 울타리에 심어 올린 강낭콩 덤불 옆에서 참새 한 마리가 죽어 있는 것을 발견했다. 부리가 노란 것으로 보아 아직 덜 자란 새끼 참새였다.

어쩌다가 죽은 걸까? 혹시 제초제를 뿌린 탓일까? 그러고 보니 제초제를 뿌린 뒤로는 참새들이 나타나지 않는다. 레이첼 카슨의 『침묵의 봄』이 떠올라서 덜컹 겁이 났다. 게다가 한동안 매미 소리도 못 들은 듯하다. 참새들도 오지 않고 매미 소리도 들리지 않는데 무슨 무릉도원이람….

"괜찮아, 머지않아 되돌아올 거야."라고 하며 스스로 위로해보았으나 불안감은 날이 갈수록 커졌다. 혼자 걱정할 일이 아닌 듯하여 평생 농약을 연구해 온 절친에게 전화를 걸었다. 제초제를 친 뒤로 죽은 참새 새끼를 발견한 이야기며 그 많던 참새들이 얼씬하지 않으니 어찌 된 영문인지 불안하다고 하소연했다. 친구의 진단은 너무나 명쾌했다. 잡초가 죽자 벌레들이 사라졌고 벌레가 없으니 참새도 오지 않는다. 잡초가 다시 우거지면 벌레도 많아질 테고 그러면 참새도 되돌아올 것이니 걱정하지 말라는 것이다.

하루라도 빨리 참새들이 돌아왔으면 좋겠다. 참새들을 불러 모으려면 먼저 잡초가 우거져야 한다. 그러려면 잡초들과 다투지 않는 유실수나 조경수를 심는 수밖에 없다. 늦은 가을부터 초겨울까지 여러 가지 조경수와 유실수를 잔뜩 심어 놓고 겨울을 맞았다.

그런 덕분에 그해 겨울부터는 참새 소리가 심심치 않게 들려온다. 참새들의 노래를 듣고 있으면 나도 모르게 기분이 좋아지고 마음은 한없이 편안해진다. 기분이 울적할 때면 선탠 의자에 기대앉아 지그시 눈을 감는다. 그렇게 얼마나 지났을까, 참새들이 불러주는 자장가를 들으며 꿈에 그리던 무릉도원으로 여행을 떠난다.

제3부

불공평한 인생을 어찌하리

축복의 메아리
작용 반작용의 법칙
불공평한 인생을 어찌하리
전도몽상顚倒夢想
난 참 바보처럼 살았군요
미리 쓰는 묘비명

축복의 메아리

1980년 봄 나는 여의도에 있는 TBC 스튜디오 건설공사에 참여하면서 방음벽의 원리를 알게 되었다.

방송국 스튜디오에는 천장을 비롯하여 사방의 벽과 바닥까지 방음장치가 되어 있다. 모든 소리는 사방으로 퍼져 가다가 딱딱한 물체와 부딪치면 메아리로 되돌아온다. 소리를 생명처럼 소중히 여기는 방송국에서 메아리는 방송을 망치게 한다. 그래서 방송국 스튜디오에는 메아리가 발생하지 않도록 정밀한 방음장치가 필수적이다.

방음장치의 원리는 소리를 흡수해서 메아리로 되돌아가지 못하도록 하는 것이다. 나무가 듬성듬성한 민둥산이나 바위로 된 절벽의 계곡을 향하여 "야호!" 하고 고함을 치면 메아리가 되돌아온다. 하지만 숲이 울창한 산에서는 메아리가 들리지 않는 원리를 이용한 것이다.

 우거진 숲속으로 들어간 소리는 수많은 나뭇가지와 이파리 사이의 미세한 공간을 헤집고 다니다가 제풀에 지쳐 사라지고 만다.

 방송국의 방음장치도 우거진 숲에서처럼 벽과 천장에 수많은 미세공간을 만들어 놓은 것이다. 엄밀히 말하면 방음장치가 아니라 소리를 받아들인 다음 소멸시키는 흡음吸音 장치라는 게 정확한 표현이리라.

 이듬해 1981년 봄에는 제주항 터미널 건설공사에 참여하게 되었다. 거기서 나는 방파제에서 파도를 소멸시키는 원리를 배웠다. 파도를 소멸시키는 방법 역시 방음벽의 원리와 마찬가지로 받아들인 다음 소멸시키는 것이다.

 어느 항구든 항구에는 파도를 막아주는 방파제가 있다. 방파제는 끊임없이 밀려오는 거센 파도를 맞받아치면서 묵묵히 항구를 지켜준다. 그러나 아무리 견고한 방파제라도 장구長久한 세월 동안 끊임없이 파도의 공격을 받으면 언젠가는 허물어지기 마련이다.

하지만 아무리 공격받아도 허물어지지 않는 방파제가 개발되었다. 테트라포드 공법으로 얼핏 보면 Y 자처럼 생긴 거대한 콘크리트 구조물을 켜켜이 쌓아서 수많은 공극空隙을 만들어 놓는 방법이다. 이 공극 속에는 방향을 가늠할 수 없을 정도로 얽히고설킨 미로迷路가 형성되어 있다.

아무리 기세등등한 파도라도 일단 그 미로 속으로 흩어져 들어가면 점점 약해지다가 제풀에 지쳐 소멸消滅된다. 방파제나 방음벽의 원리는 맞받아치지 않고 '받아들인 다음 소멸시키는' 것이다.

이 원리를 깨달은 지가 40여 년이 흘렀으나 이것이 인생의 풍파를 극복하는 원리와 똑같다는 사실을 나는 이제야 깨닫는다. 상대방이 화를 내면 나도 맞받아쳤고 싸움을 걸어오면 맞붙어 싸우려 했다. 너그럽게 받아들인 다음 소멸시킬 줄은 모르고 맞받아치기만 했다. 그렇게 하지 않으면 생존경쟁에서 패배하는 걸로 생각하였기 때문이다.

삶의 현장에서는 분쟁과 갈등이 끊임없이 일어난다. 그래서 인생살이를 일컬어 고해苦海라고 한다. 고해를 헤쳐 나가는 방법으로 기독교에서는 너그럽게 용납容納하고 축복하는 방법을 권하고 있다. 이 방법은 방파제의 원리와 마찬가지로 받아들인 다음 소멸시키는 원리와 똑같다. 성난 파도처럼 달려드는 원수를 용납하고 축복하는 것은 결코 쉬운 일이 아니지만, 그 원리를 알고 나면 정말 쉽고도 유익한 방법이다.

상대방이 성난 파도처럼 공격해 올 때 내가 너그럽게 용납하고 축복하면 어떻게 될까? 여기서 경우의 수는 두 가지이다. 하나는 상대방이 내가 보낸 축복을 받아들이는 경우이다. 그렇게 된다면 상대방도 덩달아서 나를 축복할 것이다.

하지만 원수가 만약 나의 축복을 거절한다면 어떻게 되는가? 그렇게 되면 내가 보낸 축복은 "수취 거절 우편물"처럼 나에게 되돌아온다. 이처럼 상대방이 받아들이든 거절하든, 내가 보낸 모든 축복은 내게로 되돌아온다.

내게로 되돌아오는 축복, 그것이 바로 축복의 메아리이다. 어떤 과정을 거쳐서 되돌아오든 내가 보낸 축복은 나에게 되돌아와서 나를 축복한다. 어두운 세상을 밝혀주는 축복의 메아리가 끊임없이 오고 가는 그런 세상이 오기를 기대해 본다.

작용 반작용의 법칙

　뉴턴은 '만유인력의 법칙'과 '작용 반작용의 법칙'을 발견했다. 이 두 가지 법칙은 인간관계에서도 한 치 틀리지 않는다.

　먼저 만유인력의 법칙을 생각하여 보자. 한마디로 말하면 모든 것을 서로 끌어당기는 힘을 말한다. 사람들은 원하는 것을 자기 것으로 만들려고 끌어당긴다. 원하는 것을 자기 것으로 만들려는 욕심은 누구에게나 있다는 말이다. 서로 자기 쪽으로 끌어당기려다가 갈등과 분쟁이 일어나고 마침내 원수가 되어 싸운다. 이런 갈등과 다툼이 끊임없이 계속되기에 인생은 고해苦海라고 한다. 승자勝者가 있는 곳이면 반드시 패자敗者가 있다.

　다음으로 작용 반작용의 법칙을 살펴보자. 내가 주먹으로 상대방을 치면 상대방도 주먹으로 나를 치는 원리이다. 반대로 내가 상대방에게 베풀면 상대방도 나에게 베푼다.

　사람들은 너도나도 자기에게 끌어당기려고 한다. 더 많이 가지려 하고 더 높이 오르려고 무한 경쟁을 벌인다. 하지만 성경에서는 상대방이 가지고자 하는 것은 무조건 주라고 한다. 그냥 주라는 정도가 아니라 원하는 것보다 더 많이 주라고 하니 갈수록 태산이다.

　"너의 오른편 뺨을 치면 왼편 뺨도 치도록 돌려 대고, 너의 속옷을 빼앗으려는 자에게는 겉옷까지도 주고, 억지로 오 리를 가게 하거든 십 리를 같이 가주고, 구하는 자에게 주며, 꾸어 달라는 자에게 거절하지 말라."

　그러나 과연 이 가르침대로 사는 사람이 얼마나 있을까? 자기 것을 모두 줘버리면 가난뱅이가 될까 두렵기 때문이다. 그러나 기독교에서는 그렇게 주라고 가르친다. 갈수록 영악해지는 경쟁사회에서 모든 것을 내어주고 바보처럼 살라는 것인지….

　기독교에서는 왜 이렇게 살라는 것일까? 그렇게 주고 나면 나는 어떻게 살라는 것인가? 게다가 내일 일을 염려하지도 말고 무엇을 먹을까 무엇을 입을까 그런 것도 걱정하지 말라고 하니 갈수록 난감하다.

천지를 창조하실 때 창조주께서는 인간의 마음속에 작용 반작용의 법칙을 심어두셨다. 사람들이 서로 원수가 되는 이유가 무엇인가? 그것은 서로 자기에게 끌어당기려다가 실패하면 원수가 되는 것이다.

반대로 다투지 않고 서로가 양보한다면 원수라는 단어는 존재하지 않을 것이다. 인류는 서로 싸우기만 한 게 아니라 서로 돕고 베풀기도 한다. 인류 역사상 전쟁과 같은 치명적인 다툼이 헤아릴 수 없이 많았으나 멸망하지 않은 것은 베풀려는 사람들이 훨씬 더 많기 때문이다.

이 원리가 지켜지는 사회는 고해가 아니라 모두가 승자勝者가 되는 평화로운 세상이다. 지혜의 왕 솔로몬은 말했다.

"남에게 베풀기를 좋아하는 사람이 부유해지고, 남에게 마실 물을 주면 자신도 갈증을 면한다."

놀랍게도 나누는 사람이 더 많이 가진다는 이 원리는 성경에만 있는 것이 아니라 노자老子의 도덕경道德經에서도 찾아볼 수 있다.

> 남을 위하였는데 자기에게 좋아졌고
> 以與人己愈多
> 남에게 베풀었는데 자기에게 많아졌다.
> 以爲人己愈有

하지만 현실을 보면 모든 사람이 정직하게 주고받는 것은 아니다. 내가 준 것을 통째로 삼키고도 모른 척하는 인간도 있고 아무리 갚으려고 해도 가난에서 헤어나지 못하는 사람도 많기 때문이다.

그러나 걱정하거나 한탄할 필요는 없다. 인생은 눈에 보이는 세상만 전부가 아니기 때문이다. 사람과 사람 사이의 인연은 이승에서 끝나버리는 게 아니라 저승까지 이어지는 법이다. 하나님은 살아생전에 베푼 것들은 그곳에서 넉넉하게 갚아줄 것이라고 약속하셨다.

구순을 훌쩍 넘어 100세를 바라보는 장모님에게 임종을 눈앞에 둔 친구가 한숨을 쉬며 하소연했다.

"언니! 난 아무래도 지옥 갈 것 같아!"

"왜 그렇게 생각하는데?"

"평생에 한 번도 베푼 적이 없으니…."

불공평한 인생을 어찌하리

"Life is not fair(인생은 공평하지 않다)!"

요즘 젊은이들은 이 말을 스티브 잡스가 처음 말한 것으로 알고 있을 것이다. 그러나 이 말은 이미 1960년대 초에 존 F 케네디 대통령이 울분을 토하는 대학생들과 토론하던 자리에서 했던 말이다. 케네디보다 수천 년 전 지혜의 왕 솔로몬은 전도서를 통하여 그런 말을 남겼다.

"수고는 슬기롭고 똑똑하고 재능 있는 사람이 하는데, 그가 받아야 할 몫을 아무 수고도 하지 않은 다른 사람이 차지하다니."

"하나님이 어떤 사람에게는 부와 재산과 명예를 원하는

대로 다 주시면서도, 그것들을 그 사람이 즐기지 못하게 하시고, 엉뚱한 사람이 즐기게 하시니…."

"악한 사람이 받아야 할 벌을 의인義人이 받는가 하면 의인이 받아야 할 보상을 악인惡人이 받는다."

이것은 인생이 얼마나 불공평한지를 단적으로 증명하는 말이다. 실제로 우리 삶에는 이처럼 불공평한 일들이 헤아릴 수 없을 정도로 많다. 아니 불공평한 정도가 아니라 생각하면 생각할수록 분통이 터질 듯한 경우도 한둘이 아니다. 인생이 불공평하다는 건 누가 뭐라고 해도 엄연한 진실이다.

사람들은 태어날 때부터 귀천貴賤의 차이를 가지고 태어난다. 그러니까 모든 인간은 태어날 때부터 불공평하게 태어난다고 할 수 있다. 부모에 따라 금수저를 물고 태어나기도 하고 흙수저를 물고 태어나기도 한다. 어떤 인간은 재벌 가정에서 태어나고 어떤 사람은 찢어지게 가난한 가정에서 태어난다.

귀한 가정에서 태어났다고 귀한 인생을 살게 되고 천하게 태어났으면 천한 인생을 살게 되는 것일까?

아니다. 절대로 그런 법은 없다!

그것은 인류 역사를 살펴보면 누구나 알 수 있다. 비록

한 번 쓰고 버리는 나무젓가락처럼 값싸게 태어났으나 세상이 깜짝 놀랄 만큼 소중한 업적을 이룩한 사람이 있는가 하면 으리으리한 부자의 손자로 태어났으나 신용불량자가 된 사람이 있는가 하면 굶주리다가 스스로 생을 마감한 사람도 있다. 따라서 금수저니 은수저니 따지는 것은 터무니없는 헛소리나 다름없다.

그렇다면 불공평하다는 말을 다시 생각해 볼 필요가 있다. 사람은 가정은 물론 국가나 사회도 다르게 태어날 뿐만 아니라 그곳에서 하는 역할도 다르다. 다시 말해 우리 몸에서 눈과 귀와 팔과 다리가 서로 다른 역할을 하듯 사람도 저마다 다른 역할을 하도록 태어난다.

그러니까 인간은 탄생에서부터 사망에 이르기까지 서로 다른 인생을 살게 되어 있다. 서로 다르게 태어나서 다르게 살다가 다르게 죽는 것인데 이를 두고 사람들은 불공평하다고 말한다.

하지만 세상에는 "인간은 공평해야 하며 공평하지 않은 사회는 정의롭지 못하다."라고 주장하는 사람들이 헤아릴 수 없을 정도로 많다. 그래서 이 말은 인류 역사상 가장 많은 사람에게 위로를 안겨 주고 있다.

하지만 이 말은 명백한 거짓말이다. 예를 들어 공산주의 국가들의 흥망성쇠를 보면 쉽게 이해할 수 있을 것이다. 그들은 빈부의 격차는 물론이고 신분의 차이도 없는 공평한 세상을 만들겠다고 주장했다. 그 목표를 이루는 데 방해되는 사람들을 무지막지하게 처형하였다. 수많은 사람을 숙청하며 아귀다툼을 벌였으나 허사로 돌아갔다. 이제는 자신들의 주장이 허구였다는 증명만 남겨놓고 사라져 가고 있다.

그렇다면 불공평하고 억울한 인생을 어찌 살라는 말인가? 지혜의 왕 솔로몬은 우리와는 전혀 다른 시선으로 인생을 바라보았다.

"사람에게는 자기가 하는 수고에서 스스로 보람을 느끼는 것보다 더 좋은 것은 없다. 그것은 곧 그가 받아야 할 몫이기 때문이다."

이것이 바로 솔로몬이 제시한 억울하고 불공평한 인생을 극복하는 길이다. 결과에 집착하지 말고 과정過程에서 보람을 찾으라는 뜻이다.

아름답고 선한 과정을 만들려고 노력하는 삶, 그렇게 사는 삶이야말로 불공평이라는 함정에 빠지지 않는 길이다. 누구나 평생 수고하며 일하지만, 그 열매를 누구에게 얼마나 줄 것인지 그것은 '보이지 않는 손'이 결정한다. 보이지 않는 손이란 자본주의 경제학에서는 소비자를 의미하고 종교에서는 신을 이르는 말이다.

  수고한 것에 대하여 보이지 않는 손의 축복이 있을지 없을지는 아무도 알 수 없다. 따라서 내가 수고한 만큼의 몫을 차지해야 공평하다고 주장한다거나, 자기가 받을 몫에만 집착하는 것은 탐욕을 부리는 것이나 다름없다.

  마음속에 품은 탐욕이 크면 클수록 더 큰 좌절과 분노의 함정에 빠지게 된다. 그런데도 우리는 더 많은 열매를 원하고, 더 높이 되기를 원하며, 더 편하게 되기를 바라면서 인생을 낭비하고 있다. 탐욕을 못다 채운 욕구불만, 그것은 우리네 인생을 더욱 고통스럽게 할 뿐이다.

  인생을 낭비한 죄인이 되기 전에 솔로몬 왕의 경고를 다시 한번 되새겨보자.

  "네가 어떤 일을 하든지, 네 힘을 다해서 하여라. 네가 들어갈 무덤 속에는 일도, 계획도, 지식도, 지혜도 없다."

  그렇다! 부지런히 일하는 그 시간이 바로 은혜의 때이며 오늘이 바로 구원의 날이다.

전도몽상 顚倒夢想

사촌이 논을 사면 배가 아프다는 속담이 있다.

이것은 우리가 타인과 비교하는 습관이 유별남을 뜻한다. 오래전 어느 신문에 이런 사실을 뒷받침하는 연구 결과가 발표된 적이 있다. 한국인과 미국인을 상대로 '타인과의 비교심리'를 조사해보았더니 미국인들보다 우리가 3.5배나 예민하게 비교하더라고 했다.

미국인들은 얼마큼 돈을 벌었으면 그것으로 만족했지만 우리는 아무리 많이 벌어도 남이 더 벌었다는 사실을 알면 배 아파하더라고 했다. 배가 아픈 이유는 자기가 받은 보상이 불공평하다는 생각에서 비롯된다.

보상이란 노력에 대한 대가이다. 사람들은 누구나 자기가 일한 만큼 보상받으리라 기대하지만, 그것은 어디까지나 희망 사항이다. 내가 얼마나 보상받을지 그것은 내가 결정하는 게 아니라 '보이지 않는 손'이 결정하기 때문이다.

사람들은 흔히 보이지 않는 손의 평가보다는 자기가 내린 평가가 옳다고 생각한다. 자신을 평가할 때는 좋은 점만 평가하면서 경쟁자를 평가할 때는 나쁜 점만 평가한다. 그러면서 보이지 않는 손도 자기와 똑같이 평가하리라고 기대한다. 그러다가 자신에게 불리한 평가가 나오면 곧바로 불공평하다고 항의한다. 마치 운동선수가 심판의 판정을 무시하고 자기가 심판인 양 항의하는 꼴이다.

인류 역사상 최초의 살인자 카인이 그러했다. 그는 하나님이 자신의 기대와 다르게 평가했다고 불같이 화를 냈다. 하나님이 동생 아벨과 그의 제물만 받아들이고 자기가 바친 제물은 외면하셨기 때문이다.

누구의 제물이 더 좋은가를 판단하는 것은 그 제물을 받으시는 하나님이 판단할 일이다. 하나님과 카인은 평가하는 기준부터 달랐다. 하나님은 제물을 바치는 사람의 인간 됨됨이를 중요하게 여겼지만, 카인은 제물의 좋고 나쁨만 기준으로 평가했다.

 카인이 하나님에게 외면당한 이유는 인간 됨됨이가 틀려먹었기 때문이다. 이것은 지레짐작으로 하는 말이 아니라 명확한 근거에서 내린 판단이다. 카인은 제물을 바치는 자리에서 하나님께 화를 냈다. 그것은 평소에 하나님을 존경하지 않는다는 속마음을 드러낸 것이다.

 신약성경에도 카인과 똑같은 인물이 등장한다. 한 달란트를 밑천으로 받았던 종이 그 주인공이다. 어느 날 주인은 자기 수하에 있는 종 세 명을 불러놓고 사업밑천을 나누어주었다. 한 종에게는 다섯 달란트를 맡기고 또 한 종에게는 두 달란트를 맡겼으며 나머지 한 종에게는 한 달란트만 맡겼다.

 한 달란트를 받은 종은 주인이 자신을 한 달란트짜리로 판단한 것에 화가 났다. 그는 사업하라고 맡긴 돈을 땅에 묻어버렸다. 몇 해 뒤에 주인이 돌아와서 결산보고를 받는데 다른 종들은 두 배씩 벌었다고 자랑했으나 그는 한 달란트를 되돌려주면서 '당신은 심지 않은 데서 거두려는 나쁜 사람'이라고 면박面駁하였다. 정말 어이없는 짓을 저질렀다. 두 사람의 공통점은 입장을 뒤바꿔놓고 평가하는 것이다.

뒤바꿔놓고 평가하면 꼴찌에게 유리해진다. 하지만 과연 유리할까? 모든 것을 뒤바꿔놓고 판단하면 사물을 바라보는 가치관도 전도轉倒되기 마련이다. 가치관이 뒤바뀌면 지옥이 천국처럼 보이고 천국은 지옥처럼 보이는 법이다. 지옥문을 천국의 문인 줄 알고 제 발로 들어갈 것이다.

난 참 바보처럼 살았군요

성경을 읽다가 이해하기 힘든 구절句節을 만나는 경우가 자주 있다. 그중에서 가장 이해하기 어려웠던 구절이다.

"무엇이든지 기도하고 구하는 것은 받은 줄로 믿어라. 그리하면 너희에게 그대로 되리라."

신앙이 부족한 탓인지 모르나 무조건 믿으라는 말로 들린다.

신앙이 부족한 데다가 번역翻譯까지 문제가 있다면 엉뚱한 오해를 불러오기도 한다. 그런 경우를 대비하여 나는 몇 가지 번역판 성경을 마련해 두고 있다. 전체 개신교가 채택한 〈개역 개정판 성경〉 외에도 〈표준 새 번역 성경전서〉도 있고 가톨릭과 개신교가 공동으로 번역한 〈공동 번역 성서〉도 있다. 개역 개정판으로 읽다가 이해하기 힘든 경우에는 다른 번역판을 찾아보면 쉽게 이해할 수 있다. 예를 들어 개역 개정판으로 잠언 27장 19절을 읽어 보자.

"물에 비치면 얼굴이 서로 같은 것같이 사람의 마음도 서로 비치느니라."

정말 이해 못 할 번역이다. 앞뒤 구절에 무슨 단서라도 있을까 하여 유심히 읽어 봐도 헛수고였다. 하는 수 없이 공동 번역 성서를 찾아보았다.

"내 얼굴은 남의 얼굴에 물에 비치듯 비치고, 내 마음도 남의 마음에 물에 비치듯 비친다."

한마디로 말하면 우리의 얼굴과 마음은 서로를 비춰주는 거울이라는 뜻이다. 상대방은 나를 비춰주는 거울이라는 말은 우리 사회에서 전통적으로 내려오는 지혜이다. 이 말을 과학적으로 뒷받침해주는 연구 결과가 발표되었다. 바로 '거울 신경세포' 이론이다. 인간의 행동을 연구하던 과학자들은 인간의 두뇌 속에는 상대방의 행동을 따라 하도록 작용하는 거울 신경세포가 있다는 것이다.

여기에서 나는 기도하고 구하는 것은 받은 줄로 믿으면 그대로 된다는 성경 구절을 이해할 수 있는 실마리를 발견했다. 예를 들어 내가 우리 교회에 평화를 달라고 기도했다고 가정해보자. 그런 다음 내가 먼저 평화가 왔다고 믿으며 행동한다. 그러면 거울 신경세포를 가진 모든 사람이 나를 따라 행동할 것이다. 그렇게 되면 그 기도는 이미 이루어진 것이나 다름없다. 거울 신경세포가 있어서 서로 따라 하기 때문이다. 그렇게도 어렵던 성경 구절이 이토록 쉽게 이해되리라고는 꿈에도 상상하지 못했다.

거울 이야기는 잠언뿐만 아니라 야고보서에도 나온다. 믿기만 하고 행동하지 않는 경우를 예로 들어서 설명하고 있다.

"가르침을 듣고도 실천하지 않는 사람은, 있는 그대로의 자기 얼굴을 거울 속으로 들여다보기만 하는 사람과 같다."

그렇다! 내가 바로 그런 사람이다. 나는 그동안 기도한 대로 정말 이루어지는지 어디 두고 보자고 하며 거울만 들여다보고 있었다.

나 자신은 변하지 않고 이웃이 변하기만 기다렸고 하나님께서 나를 위해 마음을 바꿔 달라고 기도했다. 이런 나에게 딱 들어맞는 유행가 가사가 떠오른다.

"난 참 바보처럼 살았군요!"

미리 쓰는 묘비명

내가 마음껏 상상의 나래를 펼치던 젊은 시절
나는 세상을 변화시키려는 꿈을 꾸었다.
그러나 나이가 들어 지혜를 깨닫고 나서야
세상은 변하지 않는다는 것을 알았다.
눈높이를 낮춰 나라를 바꿔보려고 했지만,
그것도 바뀌지 않는다는 것을 알았다.
황혼의 나이가 되어서야 나는 내 가족이라도
변화시켜 보려고 노력했다.
아! 그러나 나는 가족 가운데
그 누구도 변화시킬 수 없었다.
이제 죽음의 문턱에 이르러서야 나는 문득 깨달았다.
먼저 나 자신이 변화하였더라면 나를 따라

가족들도 바뀌었을 것이고 나라도 변화되었을 것이다.
그리고 누가 알겠는가! 내가 세상마저도 바꿔 놓았을지!

이 글은 웨스트민스터 사원의 지하 묘지에 있는 어느 주교님의 묘비명이라고 한다. 주교님은 사람들을 변화시켜야 할 책임을 지고 있었으나 아무도 변화시키지 못했던 모양이다. 죽음의 문턱에 이르렀을 때 비로소 자신이 먼저 변해야 남을 변화시킬 수 있다는 지극히 평범한 진리를 깨달았으나 때늦은 후회였다.

곰곰이 생각해 보면 자기를 변화시키는 것은 남을 변화시키는 것보다 훨씬 더 어려운 일이다. 사람들은 너도나도 자신을 변화시켜 보려고 치열한 싸움을 벌이지만 자신을 이기고 세상을 변화시킨 사람은 흔치가 않다.

자신을 변화시키는 방법은 무엇일까? 자신을 변화시키고 나아가 세상을 변화시키는 데 성공한 사람들을 따라 하면 될 것이다. 이런 분들 가운데 가장 유명한 사람은 사도 바울과 마르틴 루터를 손꼽을 수 있다.

그들이 변화하게 된 계기는 하나님의 빛을 만났을 때 그 빛을 피하지 않고 정면으로 쳐다보았기 때문이다. 하나님의 빛을 정면으로 쳐다보면 눈앞이 캄캄해진다. 하늘로부터 변화의 은총이 내려왔기 때문이다. 그 은총으로 자신도 변하였고 교회도 변화시켰으며 마침내 세상까지도 변화시켰다.

열렬한 바리새인이자 당대 최고의 지성인이었던 사울은 어느 날 예수 믿는 사람들을 잡아 처형하려고 다마스쿠스로 가고 있었다. 며칠 전에도 그는 길거리에서 예수를 전도하던 스데반이라는 사람을 처형하는 데 성공했다.

돌팔매를 맞아 피 흘리며 죽어가던 스데반이 지금도 눈에 선하다. 그는 스데반과의 논쟁을 도저히 감당할 수 없었다. 하는 수 없어 돈으로 사람들을 매수하여 모세와 하나님을 모독했다고 위증하도록 사주했다.

멀찍감치 서서 죽어가는 스데반을 바라보고 있는데 피범벅이 된 스데반이 자신을 뚫어져라 바라보면서 외쳤다.

"주여! 이 죄를 저 사람에게 돌리지 마소서."

그날 스데반이 숨을 거두며 하던 말이 지금도 귓전을 맴돌고 있다. 죽어가는 스데반의 시선을 피하고 싶었으나 피할 수가 없었다.

그렇다! 그때 스데반이 말한 저들이란 바로 나를 가리킨다. 위증하도록 돈을 주고 사주한 것도 나였고 죽이라고 지시한 것도 나였다. 스데반이 용서해 달라고 기도하던 그 죄인은 바로 나, 사울이다!

사울이 자기 자신을 살인자라고 인정하는 순간 눈앞이 캄캄해졌다. 그동안 자랑으로 여겨왔던 모든 것이 캄캄한 어둠 속으로 사라져갔다.

마르틴 루터는 원래 법학을 공부하던 법학도였다. 어느 날 친구와 함께 교외로 피크닉을 갔다. 집을 나설 때는 그렇게도 맑던 하늘에서 갑자기 폭우가 쏟아지더니 요란한 천둥소리와 함께 벼락이 내리쳤다. 그 순간 바로 옆에 있던 친구가 새카맣게 타죽었다. 그 모습을 바라본 루터는 순식간에 눈앞이 캄캄해졌다.

천둥은 온 세상을 집어삼키려는 듯 으르렁거렸고 벼락은 여기저기 끊임없이 내리꽂혔다. 죽음의 공포에 사로잡힌 루터는 울부짖으면서 기도했다.

"하나님! 왜 이러십니까? 하나님! 도대체 어쩌란 말입니까? 살려만 주신다면 평생 하나님 일만 하겠습니다."

이렇게 기도하는 순간 언제 그랬냐는 듯 먹구름은 사라지고 푸른 하늘이 나타났다. 그날 이후 루터는 법관이 되겠다는 꿈을 버리고 사제司祭의 길로 들어섰다.

　사람의 눈은 오랫동안 어두운 곳을 보다가 갑자기 밝은 빛을 보면 순식간에 눈앞이 캄캄해진다. 육신의 눈만 그런 것이 아니라 양심의 눈도 그렇고 영혼의 눈도 그렇다. 그 위기를 극복하려면 눈을 감고 기도하는 수밖에 없다.

　눈이 멀어버린 사울은 다메섹에 있는 유다의 집에서 참회의 기도를 하고 있었다. 하나님은 그에게 심부름꾼을 보내어 눈을 뜨게 하시고 성령을 내려주셨다. 루터는 살려만 주신다면 하나님 일만 하겠노라고 기도했다. 그러자 먹구름이 걷히며 종교개혁이 싹트기 시작했다.

　나는 어떻게 했던가? 나는 그 빛을 똑바로 바라보지 않고 외면하였다. 내가 보고 싶은 것만 골라서 보았고 하고 싶은 일만 골라서 했다. 이런 나에게 알맞은 묘비명이 있다.

　"아~ 꿈은 야무졌는데…."

제 4 부

꿈꾸는 기도

쉬지 않고 하는 기도
꿈꾸는 기도
엎드려 절하기
기복祈福보다 행복行福
환희의 통곡

쉬지 않고 하는 기도

어느 해 연말 송년 모임에서다. 목사님 부인께서 『영적 삶을 풍요롭게 하는 예수의 기도』라는 작은 책자를 선물로 주셨다. 아주 작은 책자였지만 내용이 너무나 난해難解하여 끝까지 다 읽을 수가 없었다. 그 책을 읽다가 내려놓기까지 나의 뇌리를 떠나지 않는 의문 두 가지가 있었다. 하나는 기도란 왜 이토록 어려운 것인가 하는 것이고, 또 하나는 고난苦難이 따르지 않는 기도는 아무런 의미가 없다는 것일까 하는 것이다. 그 책을 읽는 내내 그런 의문을 품고 있었으나 그 책에서는 해답을 찾을 수 없었다.

기도란 믿고 의지하는 신에게 소원을 빌거나 잘못을 뉘우치며 새로운 각오를 다짐하는 말을 일컫는다. 기도할 때는 일정한 형식을 따라 기도하라고 권한다. 대부분 종교는 기도하는 장소와 시간은 물론 기도문까지 정해놓고 있으며 심지어 자세까지 상세하게 정해놓은 종교도 있다.

성경에는 이처럼 정해진 기도와 달리 언제 어디서나 쉬지 말고 하라는 기도가 있다. 시간과 공간에 얽매이지 말고 끊임없이 기도하라는 것이다.

그렇다면 일상생활은 어떻게 하라는 것일까? 수도원이나 기도원에 들어가서 평생을 바쳐 기도만 하라는 것일까? 그도 아니면 만사 제쳐놓고 세상 곳곳의 성지를 순례하며 구도의 기도만 하라는 것일까?

일상의 삶을 전부 포기하고 나면, 기도할 필요조차 없어지는 게 아닌가? 엄격한 의미에서 살아있는 모든 시간을 기도하며 보낸다는 건 불가능한 일인지도 모른다. 그러나 하나님은 실제로 그렇게 기도하는 게 가능하므로 그렇게 하라는 것이리라. 그렇다면 그 가능성이란 무엇일까?

어려운 문장을 이해하려면 그 글의 앞뒤를 살펴보면 저절로 깨달아지는 경우가 많다. 쉬지 말고 기도하라는 말보다 먼저, 항상 선을 따르라는 말도 있고, 항상 기뻐하며 모든 일에 감사하라는 말도 있다. 기도만 항상 하라는 게 아니라, 선을 행하는 것, 감사하는 것, 세 가지를 항상 하라고 한다.

그렇다면 세 가지는 서로 떼려야 뗄 수 없는 함수관계函數關係에 있음을 암시한다. 이들이 함수관계에 있다는 것은 이미 여러 분야에서 증명된 사실이다. 행복을 연구하던 과학자들은 인간은 선을 행할 때 가장 큰 행복을 느낀다는 결론을 내린 바 있다. 선을 행하는 사람들의 마음은 항상 기쁨과 감사가 넘친다는 것도 증명되었다.

그렇다면 선이란 도대체 무엇이며 선과 기도는 구체적으로 어떤 관계일까? 사람들은 누구나 무엇이 선인지 잘 알고 있다고 생각할 것이다. 그러나 그것은 착각에 지나지 않는다. 선이란 인간의 상식으로는 판단하기 어려운 모순덩어리이기 때문이다. 내가 볼 때는 선한 일이지만 남이 볼 때는 악한 일인 경우도 있고, 과거에는 선이었는데 지금 보니 악인 경우도 많기 때문이다.

그렇다면 어떻게 무엇을 기준으로 판단해야 하는가? 예수께서는 "하나님 한 분 외에는 선한 이가 없다."라고 하셨다. 이 말은 항상 기도하라는 말이 무슨 뜻인지 알려주는 실마리이다.

선을 판단할 때 하나님의 기준과 인간의 기준 사이에 어떤 차이가 있는지를 알려주는 영화 장면이 있다.

영화 〈사운드 오브 뮤직〉에서 주인공 가족이 시상식을 앞두고 탈출했다는 사실을 눈치챈 독일군 장교가 병사들에게 즉각 추격하라고 비상을 걸었다. 한편 수녀원의 나이 많은 원장은 젊은 수녀들에게 독일군 차량과 오토바이의 기름을 몽땅 빼버리라고 지시한다. 하지만 젊은 수녀들은 죄책감에 잠시 머뭇거렸다.

원장님이 "얘들아! 괜찮아!"라고 하며 호통을 치자 수녀들은 얼른 성호를 그으며 밸브를 열었다. 독일 병정들이 발을 동동거리는 사이 주인공 가족들은 국경을 넘어 탈출하는 데 성공한다. 원장님은 진정한 선이 무엇인지 알고 있었지만, 세상의 상식으로 판단하던 젊은 수녀들로서는 망설일 수밖에 없었을 것이다.

선을 판단하는 절대적인 기준은 사랑이다. 무엇이 선이며 무엇이 악인지 쉬지 않고 하나님께 물어봐야 한다. 이것이 바로 선과 기도의 함수관계이다.

진정한 선이 무엇인지 알기 위해 하나님과 끊임없이 대화를 나누는 것, 그 대화가 바로 '쉬지 않고 하는 기도'이리라.

꿈꾸는 기도

예배 시간에 드리는 나의 대표 기도를 '꿈꾸는 기도'라고 생각한다. 이렇게 말하는 데는 두 가지 이유가 있다. 하나는 나 자신이 기도한 대로 행동하지 않았으니 꿈꾸는 것에 지나지 않는다는 뜻이고, 또 하나는 나의 기도가 내 인생의 밑거름이 되리라는 꿈을 꾸고 있기 때문이다.

기도는 마음속에 품고 있는 꿈을 하나님께 알려드리는 언어이다. 꿈을 이루려면 행동으로 실천해야 한다. 그러나 기도한 대로 행동하기란 결코 쉬운 일이 아니다. 기도한 대로 이뤄지지 않는 이유 중에 가장 큰 이유는 나 스스로 기도한 대로 행동하지 않았기 때문이다. 그러나 어렵다고 실천하지 않으면 그 기도는 잠꼬대처럼 지나가고 말 것이다. 나만 그런 줄 알았는데 알고 보니 기라성綺羅星 같은 성인들도 마찬가지로 생각하고 있었다.

"선하신 주님, 우리가 기도하는 그것을 위해 노력하도록 은혜를 베풀어 주소서."

이것은 불후의 명작 『유토피아』를 저술한 토마스 모어가 드렸던 기도이고,

"오! 주님. 제가 단지 그들을 위해 기도하는 데 그치지 않고 기도를 도움으로 실천할 수 있도록 힘을 주소서."

이 기도는 테레사 수녀님이 자주 하셨던 기도이다. 이분들의 기도에서 보는 것처럼 기도가 이뤄지려면 기도한 대로 노력하고 실천해야 이루어진다. 마치 어린아이가 아버지에게 용돈을 달라고 할 때 손을 내밀어야 받을 수 있듯이, 기도한 뒤에는 반드시 손을 내밀어야 받을 수 있다. 예를 들자면 겸손히 섬기도록 해달라고 기도하였다면 교만한 말이나 오만한 언행을 버려야만 겸손해질 수 있다. 또한 가난을 면하게 해달라고 기도하였다면 낭비하고 사치奢侈하는 습관부터 고쳐야만 가난을 면할 수 있다. 기도만 하고 행동으로 실천하지 않는다면 그 기도는 잠꼬대 같은

기도에 지나지 않는다.

  나는 한때 심각한 딜레마에 빠진 적이 있었다. 그것은 내가 과연 기도한 대로 살고 있는지 양심의 가책을 느끼기 시작하면서다. 나는 그동안 기도한 대로 살겠다고 다짐하면서도 주저앉아버린 적이 한두 번이 아니었다. 그 순간이 지나고 나면 문득 부끄러운 생각이 들어 잘못했다고 뉘우쳤다. 문제는 이런 뉘우침이 끊임없이 되풀이된다는 데 있다. 뉘우침을 계속한다는 것은 먼저 한 뉘우침이 진실한 뉘우침이 아니었기 때문이다.

  이런 상태가 계속된다면 나는 마침내 위선자가 되고 말 것이라는 생각마저 들었다. 그래서 그런지는 모르겠으나 기도 순서가 다가오면 멀쩡하던 목이 갑자기 잠기기도 하고 가슴이 두근거리기도 하였다. 초등학교 시절 숙제를 까먹었는데 갑자기 숙제 검사를 시작하면 가슴이 뛰었던 것처럼 기도한 대로 실천하지 않았던 탓에 양심의 가책을 받은 것이다. 그러나 나는 언제까지나 죄책감에 사로잡혀 웅크리고만 있는 것이 아니라 더 큰 꿈을 꾸기도 한다.

  우리가 꿈꾸며 기도하는 것들은 무엇인가? 수많은 교회, 수많은 성도가 드리는 기도들은 서로 다르게 들리는 듯하지만, 엄밀히 따져보면 두 가지 내용으로 요약할 수 있다. 그것은 '평화로운 삶'과 '더 나은 미래'를 달라는 것이다. 이런 꿈들은 나 혼자만의 노력으로 이뤄지는 것이 아니라 하나님과 함께 이루어 가는 것이다. 그것은 농사를 짓는 것과 다름없다. 농사는 하늘과 농부가 함께 짓는 것이다. 좋은 날씨를 주셨다고 해서 무조건 농사가 잘되는 것은 아니다. 씨를 뿌리고 거름을 주며 가꾸는 일은 농부인 내가 해야 할 몫이다.

성 프란시스코께서는 '기도의 결과가 인생'이라고 했다. 기도가 인생의 열매를 맺도록 해주는 밑거름이라는 의미이다. 어떤 농사를 짓든 아름답고 풍성한 열매를 맺으려면 밑거름이 가장 중요하다.

밑거름이란 새싹이 돋아나서 꽃이 피고 열매가 익을 때까지 끊임없이 양분을 공급해주는 거름을 말한다. 오늘도 나는 나의 기도가 내 인생에 밑거름이 되리라 꿈꾸며 기도한다. 그리고 누가 알겠는가? 나의 기도가 누군가의 인생을 송두리째 바꿔놓는 밑거름이 될는지!

엎드려 절하기

　예수께서는 살아 계시는 동안 기도를 통하여 수많은 이적異蹟을 보여주셨다. 부활하여 하늘나라로 올라가신 뒤에도 기도의 이적은 끊임없이 이어졌다. 복음을 전파하던 제자들이 힘들 때마다 기도를 올렸고 그 기도는 남김없이 기적을 낳았다.
　주님 가신 지 2천 년이 지난 지금도 복음이 처음 들어가는 오지奧地에서는 선교사들의 기도로 수많은 이적이 일어난다고 한다.
　그런데 수십 년 동안 믿어온 나의 기도에는 왜 응답이 없는 걸까? 하나님은 응답하셨는데 나만 깨닫지 못한 것일까? 아니면 나의 기도가 하나님 보시기에 하찮은 내용이라 응답하시지 않는 걸까? 그도 아니면 하나님의 뜻에 어긋나는 기도라서 그런 걸까?

기도하면 이루어주시겠다는 약속은 한두 번 하신 게 아니다.

"너희 가운데 두 사람이 땅에서 합심하여 무슨 일이든지 구하면, 하늘에 계신 내 아버지께서 이루어주실 것."이라고 하셨고,

"너희가 기도하면서 구하는 것은 무엇이든 이미 그것을 받은 줄로 믿어라. 그리하면, 너희에게 그대로 이루어질 것이다."라고도 하셨다. 그야말로 기도하면 모든 것을 주실 것처럼 말씀하셨다.

그런데 놀랍게도 사탄도 이와 똑같은 말을 했다. 40일간 금식하신 예수님께 사탄은 자기에게 엎드려 '절하면' 이 세상 모든 것을 주겠노라고 했다.

광야廣野라는 곳은 거칠고 험한 삶의 현장을 상징한다. 사람의 일생은 광야를 통과하는 고난의 세월이다. 여기서 살아남을 방법은 두 가지가 있다. 하나는 하늘의 뜻을 따라 선하고 아름답게 살아가는 것이고 다른 하나는 사탄에

게 엎드려 절하여 도움을 받는 것이다.

　예수님은 내 이름으로 구하는 것이면 무엇이든지 다 이루어주겠다고 하셨고 사탄은 자기에게 엎드려 절하면 모든 것을 다 주겠다고 했다. 내가 원하는 것을 얻어내는 방법은 하나님께 기도를 드리거나 사탄에게 빌며 절하는 두 가지 방법이 있다. 겉으로 보기에는 둘 다 기도라 할 수 있다.

　그렇다면 내가 드리는 기도가 하나님께 기도하는 것인지 사탄에게 엎드려 절하는 것인지 어떻게 구분하는가?

　내용이야 어떻든 무조건 "예수님 이름으로 기도합니다. 아멘." 하면 하나님에게 기도한 것인가?

　한때 미국에는 'KKK단'이라는 악랄한 테러 집단이 있었다. 노예해방으로 기득권을 잃게 된 일부 백인들이 흑인 인권운동가들을 테러하려고 조직한 단체다. 이 조직은 한때 사라지는 듯하였으나 〈국가의 탄생〉이라는 영화가 개봉되면서 다시 살아났다. 이 영화에서 'KKK단'을 마치 정의의 십자군인 양 묘사한 데 힘입어서 되살아난 것이다.

　테러 단체를 되살리는 데 앞장선 사람은 '윌리엄 시몬스'라는 개신교 목사였다. KKK가 다시 출범하던 날 밤, 그곳에 모여든 사람들은 하나같이 자루 모양의 하얀 두건을 쓰고 있었다. 자신들의 얼굴이 세상에 알려지는 게 두려웠기 때문이다. 윌리엄 목사는 단상에 올라서자마자 곧바로 기도했다.

"다 같이 하나님께 기도합시다. 거룩하신 하나님! … 앞으로 우리가 벌일 거룩한 전쟁을 도와주소서! … 예수의 이름으로 간절히 기도합니다."

단원들은 한목소리로 "아멘." 하며 기도를 마쳤다. 비록 기도의 형식을 갖추었으나 하나님께 기도한 게 아니라 사탄에게 엎드려 절한 것이다.

하나님께 기도한 것인지 아니면 사탄에게 절한 것인지, 그것을 구분해 내는 방법은 목적을 성찰해보면 알 수 있다. 아무리 하나님을 잘 믿는 사람이라도 개인적인 욕망을 채우려거나 이웃을 질투하거나 해코지하려는 기도는 하나님께 드리는 기도가 아니다.

아담은 선악과를 따 먹고 에덴에서 추방되었다. 아담의 자손인 우리 몸에는 '선과 악' 두 가지 유전자가 들어 있다. 선한 길을 가려고 노력한다면 선한 유전자가 발현될 것이고 악한 길로 가고자 애쓴다면 악한 유전자가 발현된다. 하나님은 선한 일을 하려는 사람의 기도는 응답하시겠다고 했고 사탄은 자기에게 절한다면 무엇이든 가리지 않고 다 준다고 했다. 우리가 황무지를 통과하는 방법은 두 가지가 있다. 하나는 선한 유전자를 기르며 살아가는 것이고 다른 하나는 악한 유전자를 기르며 사는 것이다.

어느 방법을 택하든 그것은 전적으로 개인의 자유의사에 따라 결정된다. 기도하기 전에 먼저 무엇을 위해 기도하는지 그것부터 살펴보는 게 올바른 신앙인의 자세 아니겠는가.

기복祈福보다 행복行福

'기복祈福 신앙'이란 말은 기도하여 복 받으려는 신앙을 말한다. 그런데 다행할 행幸 자가 아니라 행할 행行 자를 붙인 행복行福 신앙이란 또 무슨 말인가?

이것은 '행하여서 축복받으려는 신앙'을 일컫는 말로서 이 글을 쓰기 위하여 내가 임시로 만든 단어이다.

기복 신앙이란 이웃을 위해 기도하기보다 자기만을 위해 기도하는 이기적 신앙이다. 이와 달리 '행복行福 신앙'이란 이웃과 함께 행복幸福을 누리려고 기도하는 이타적 신앙이다. 단순히 기도만 하는 게 아니라 기도한 다음 행동으로 실천하는 신앙을 말한다.

우리네 인생은 크게 두 가지로 나눌 수 있다. 하나는 '더불어 사는 인생'이고 다른 하나는 '나 홀로 사는 인생'이다. 더불어 사는 인생은 이웃과 함께 행복과 고통을 나누려는 사람이고 나 홀로 사는 인생은 오직 자기의 행복만 추구하는 사람이다. 이웃과 함께 행복하게 살려면 무슨 일을 어떻게 해야 할까?

마태복음 5장에는 여덟 가지 복 받을 일이 나열되어 있다. 하나같이 이웃과의 관계에 관한 내용이다. 그러니까 이웃을 외면한 채 홀로 사는 사람이 받을 복은 어디에도 없다.

그렇다면 언제 이런 일을 하여야 하는가? 여덟 가지 복 가운데서 여섯 가지 복은 "~ 받을 것이다."라고 하여 미래 시제로 표현되어 있다. 하지만 '마음이 가난한 사람'과 '의를 위하여 박해받은 사람'에게 주는 복은 현재 시제로 표현되어 있다.

그것은 '지금 여기서 Now and Here' 복을 누린다는 뜻이다. 이것을 솔로몬은 잠언에서 이렇게 설명하고 있다.

"가난한 사람에게 은혜를 베푸는 것은 주께 꾸어드리는 것이니, 주께서 그 선행을 넉넉하게 갚아주신다."

이 모습을 슬로모션으로 돌려보자. 내가 가난한 이웃에

게 은혜를 베푸는 순간 하나님이 손을 내밀며 말씀하신다.

"이건 자네가 나에게 꾸어주는 것이니 자네의 선행을 넉넉히 갚아주겠네."

내가 가난한 이웃에게 베푸는 은혜를 선행으로 인정하실 뿐 아니라 넉넉히 갚아주겠다고 약속하신다.

그런데 이런 약속은 솔로몬의 잠언에만 있는 게 아니라 예수께서도 똑같은 약속을 하셨다.

마태복음에는 최후 심판의 날에 천국으로 들어갈 사람은 '내 아버지의 축복을 받은 사람들'이라고 되어 있다. 예를 들어 굶주린 사람에게 먹을 것을 주었던 사람, 목마른 사람에게 마실 것을 나눠준 사람, 헐벗었을 때 입혀준 사람, 그런 사람이라는 것이다.

여기서 주목해야 할 것은 미래에 '축복받을 사람들'이 아니라 지난날 이미 '축복을 받은 사람들'로 제한하신다는 점이다. 가난한 사람들을 돌봐주었던 그때 (이미) '축복받은' 사람으로 제한하고 있다. 지난날 가난한 이웃을 돌보며 이미 행복을 누렸던 사람들을 최후의 날에 천국으로 초대한다는 말이다. 넉넉하게 갚아준다던 솔로몬의 말과 한 치의 오차도 없지 않은가!

행복을 연구하는 학자들은 사람들이 어떤 일을 하고 있을 때 가장 행복해하는지 연구에 연구를 거듭하였다. 놀랍게도 사람들은 자기 행복을 위해 아등바등할 때보다 '이웃을 도와줄 때' 가장 큰 행복감을 느낀다는 결론을 내렸다.
　이것은 어느 한 분야만의 연구 결과가 아니라 심리학과 철학은 물론이고 정신의학에서까지 똑같은 결론을 내리고 있다. 기도만 하는 앉은뱅이 신앙에서 벗어나 행동으로 사랑을 실천하는 신앙인이 되시기를 기도한다.

환희의 통곡

사람들은 위기의 순간을 맞으면 도와줄 사람을 찾는다. 그때 누구를 찾느냐에 따라 운명이 달라진다. 또 한 가지, 살다 보면 누구에게나 목놓아 울고 싶은 순간이 있다. 목놓아 우는 것을 통곡慟哭이라 한다. 인간은 일곱 가지 감정의 정점頂點에 이르는 순간 저절로 통곡하게 된다. 슬퍼서 통곡하기도 하고 사랑에 감격하여 통곡하기도 하며 뉘우치며 참회하는 통곡도 있고 원망의 통곡도 있으며 절망의 통곡이 있는가 하면 환희歡喜의 통곡도 있다.

2009년 장로직을 받던 날 나는 인사말을 통해 '베드로'와 '가롯 유다'를 예로 들어 위기를 만나면 사람을 쳐다보지 말고 하나님을 쳐다보자고 말했다. 주께 몸을 피하는 것이 사람을 의지하는 것보다 낫다는 시편의 한 구절을 염두에 두고 한 말이다.

유다와 베드로는 둘 다 주님을 배반한 제자들이다. 유다는 주님이 빌라도 법정에서 사형선고를 받자 곧바로 대제사장들을 찾아갔다. 하지만 베드로는 주님이 잡혀가시던 밤부터 주님 뒤를 계속 따라다녔다.

유다는 주님을 팔아넘길 때 십자가형을 당하리라고는 짐작조차 못 했다. 뜻밖에도 십자가에 못 박혀 죽게 되자 돌이킬 수 없는 무서운 죄를 지었음을 깨닫고 뉘우치기 시작했다.

"사형이라니? 이건 말도 안 돼! 더구나 십자가에 매달아 죽이다니!"

그는 곧바로 예수를 팔아넘기기로 거래했던 대제사장들을 찾아갔다.

"내가 무죄한 피를 팔았으니 제발 이 거래를 없었던 것으로 해주시오."

애원하는 유다에게 대제사장들은 말했다.

"우리는 상관없으니 네가 당하라."

죄를 씻어보려고 공범들을 찾아갔다가 오히려 단독범으로 몰려버린 꼴이다. 그런 그가 택할 수 있는 길은 죽음밖에 없었다. 수많은 죽음 가운데 유다의 자살만큼 참혹한 죽음이 어디 있을까?

베드로는 어느 날 주님 앞에서 풍랑에 휩쓸려 죽을 뻔한 위기를 경험하였다. 풍랑이 심하게 일고 배가 금방이라도 뒤집힐 듯 흔들리던 밤에 주님께서 마치 유령처럼 바다 위를 걸어오셨다. 모두가 벌벌 떨며 무서워하였으나 베드로는 주님께 자기도 물 위를 걷게 해 달라고 졸랐다. 그러자 선뜻 손을 내밀어 주셨고 그 손을 덥석 잡았더니 신기하게도 물 위를 걸을 수 있었다. 그러나 그것도 잠시뿐, 꿈이 아닐까 의심하는 순간 풍랑이 그를 덮쳤다. 그리고는 지옥처럼 캄캄한 바다로 빠져들었다.

"주님! 제발, 살려 주십시오!"

"믿음이 적은 사람아, 왜 의심하였느냐?"

주님은 애원하는 베드로를 건져주셨다.

베드로는 순순히 잡혀가시는 스승을 바라보면서 주님 역시 한 사람의 평범한 인간에 지나지 않는다고 생각했다. 그렇게 생각하던 순간, 한 종년이 큰 소리로 떠들었다.

"이 사람도 그 죄인과 한편이다."

그러자 베드로는 "나는 그를 모른다."라고 세 번이나 거듭 부인하였다. 그리고 자신도 모르는 사이에 저주의 말까지 덧붙였다. 그 순간 닭이 울었다. 최후의 만찬장에서 "오늘 밤 닭이 울기 전에 세 번 나를 부인하리라."라고 하시던 주님의 말씀이 천둥소리처럼 귓전을 울렸다. 베드로는 가슴을 치며 참회懺悔하기 시작했다.

"내가 감히 주님을 모른다고 하다니! 그것도 모자라서 저주까지 했으니 이를 어쩌면 좋은가! 살아 계신 하나님의 아들이라고 고백한 것이 엊그제 같은데 모른다고 잡아떼다니!"

그는 바닷속으로 빠져들던 그날 밤처럼 몸부림치며 애원哀願했다.

"주님! 제가 잘못했습니다. 제발, 용서해주십시오!"

그 애원의 소리를 들으신 걸까? 주님께서 잠시 뒤돌아보셨다. 뒤돌아보는 주님의 눈에는 지난날이 새겨져 있었다. 베드로는 그게 무슨 뜻인지 알고 있다.

"믿음이 적은 사람아, 왜 의심하였느냐."라고 하시던 그때 그 말씀이다. 그 순간 베드로는 변함없는 사랑을 확인한 것이다. 말로 다 할 수 없는 환희를 맛본 그 순간 그는 목놓아 통곡했다. 사람들은 이를 참회의 통곡이라고 말한다. 하지만 이것은 변함없는 사랑을 확인한 사람이 터뜨리는 '환희歡喜의 통곡'이다.

    인간은 누구나 주님 앞에 죄를 짓는 공범이다. 공범인 인간들에게 용서를 빌며 도와달라고 하는 것은 어리석은 일이다. 사람에게 용서를 빌 게 아니라 주님께 용서를 빌어야 한다. 그러면 주님은 우리의 눈물을 닦아주신다.

제 5 부

빌라도를 위한 변론

교회의 행복
미완성의 사랑
효도와 신앙
바보 천사들의 항해
빌라도를 위한 변론
사랑의 바이러스와 증오의 바이러스

교회의 행복

〈파랑새〉라는 어린이 연극이 있다. 어느 크리스마스이브에 가난한 나무꾼의 아들딸 남매는 파랑새를 찾아달라는 앞집 할머니의 부탁을 받고 여행을 떠난다.

파랑새는 행복을 뜻한다. 두 사람이 행복의 궁전으로 가서 가장 먼저 체험한 행복은 '사치의 행복'이다. 매일같이 배불리 먹고 마시며 흥청망청하는 그런 행복을 경험한 것이다. 이른바 물질적인 풍요함이 가져다주는 행복이다.

하지만 그들은 곧바로 싫증을 느끼고 다른 행복을 찾아 떠난다. 건강의 행복, 사리를 깨치는 행복, 정의를 실천하는 행복 등등…. 사람들이 추구하는 모든 종류의 행복을 만나 보았으나 진정한 행복을 느끼지 못하였다. 마지막으로 어머니를 만나 사랑의 행복을 느꼈다. 사랑이야말로 가장 소중한 행복이라는 것을 깨닫게 된다.

기나긴 여행을 마치고 꿈에서 깨어보니 크리스마스 아침이었다. 부모님의 얼굴을 바라보니 그날따라 두 분의 모습에서 사랑과 정감이 넘치고 있었다. 평소에는 비좁고 꾀죄죄하던 자신들의 방도 아늑하고 따뜻하고 평온했다. 게다가 새장 속의 비둘기는 이상하게도 꿈에 보았던 파랑새처럼 파랗게 보였다. 그들이 찾던 파랑새는 바로 자기 집에 있었다.

실제로는 부모님의 모습도, 자기들의 방도, 매일 바라보던 비둘기도 평소와 똑같았다. 그런데도 이상하게 모두가 아름답고 행복하게 보였다. 그것은 지난밤 꿈속에서 겪어본 행복 나라의 체험 탓에 마음이 변하였기 때문이다.

이처럼 나 자신의 마음을 바꾸면 행복은 언제 어디서나 만날 수 있다. 톨스토이는 "행복한 가정은 모두가 비슷비슷한 이유로 행복하지만, 불행한 가정은 저마다의 갖가지 이유로 불행하다."라고 했다. 불행한 가정은 그 불행의 원인을 남에게 있다고 생각하며 남을 탓하기 마련이다.

가족들 모두가 행복을 누리려면 꼭 필요한 것이 있다. 그것은 서로가 잘잘못을 따지지 않고 서로를 귀한 존재로 여기며 존중하는 것이다. 행복한 가정들은 모든 일에 감사하며 긍정적인 생각을 한다는 공통점이 있다.

이 원리는 교회라는 공동체에서도 마찬가지다. 지체들 개개인이 현실의 삶은 외면한 채 이상理想만 추구한다면 그런 공동체는 머지않아 불평과 불만으로 가득 차게 된다.

안타깝게도 우리 주변의 많은 교회는 현실을 무시하고 이상만 추구하다가 (불행한 가정처럼) 서로 잘잘못만 따지고 있다. 현실에서 일어나는 갈등과 고통을 치유하려고 교회를 찾아왔지만 괴롭기는 마찬가지다.

교회의 지금 모습은 과거에 뿌린 씨앗에서 자라난 것이다. 교회의 모습은 지체들이 무슨 생각을 하고 어떤 행동을 하였는지 고스란히 비춰주는 거울이다. 긍정적이고 아름다운 씨앗을 뿌렸다면 아름다운 교회가 될 것이나 부정적이고 어두운 언행을 하였다면 어두운 교회가 되어 있을 것이다.

먼저 나의 마음을 바꿔보자. 남 탓이 아니라 내 탓이라고 생각하며 나 자신의 마음부터 바꿔보자. 그리고 난 다음 세상도 교회도 다시 바라보자. 교회의 행복은 원대한 이상이나 꿈속에 있는 것이 아니라 나의 마음속에 있다.

올해 크리스마스에는 이 글을 읽는 이들 모두가 행복 나라의 파랑새를 체험하시기 바란다.

미완성의 사랑

어느 날 원로장로 한 분이 군에서 갓 제대한 청년에게 따지듯 물었다.
"자네 요즘 왜 그렇게 자주 교회를 빠지는 거야?"
"취업 준비하느라 바빴습니다."
"이 사람아, 그런 식으로 예수 믿으면 지옥 간다고! 지옥."
청년은 그 말에 충격을 받아 교회를 떠나겠다고 했다. 그 원로장로님의 '그런 식으로 예수 믿는 것'이란 어떻게 믿는 것일까?
곁에서 듣고 있던 아내가 알 만하다는 듯 고개를 끄덕였다. 아내는 나와 결혼할 때까지 이름난 보수 교회에서 신앙생활을 했다. 그때 자주 들은 설교 가운데 잊을 수 없는 게 두 가지가 있다고 한다. 하나는 서기 2천 년이 되면 예수께서 다시 오셔서 세상을 심판한다는 것이고 또 한 가지는 죄를 지으면 지옥에 간다는 내용이다.

서기 2천 년이 되면 예수께서 다시 오셔서 심판한다는 말은 허언虛言이 된 지 오래다. 죄를 지으면 지옥에 간다는 말은 이해 못 할 바는 아니나 문제는 지옥 갈 죄목이 너무나 다양하고 황당하다는 데 있다.

교회에 올 때 립스틱을 진하게 바르고 온다거나 굽 높은 뾰족구두를 신고 오거나 택시나 버스를 타고 오는 것도 지옥 갈 죄목이라고 했다. 그러하니 바쁘다는 핑계로 교회에 출석하지 않는 것은 지옥으로 가는 특급열차를 탄 것이나 다름없다.

구약성경 욥기의 주인공 욥과 그의 친구들이 생각하는 하나님은 전혀 다른 하나님이다. 친구들이 생각하는 하나님은 인간을 호시탐탐 노려보다가 여차하면 벌을 내리는 '무서운 하나님'이고 욥이 믿는 하나님은 아무리 큰 죄인이라도 뉘우치고 돌아오면 너그럽게 용서하시는 '사랑의 하나님'이다. 스스로 하나님을 믿는다고 자부自負하는 사람들은 임종할 때 이 두 가지 하나님 가운데 한 분을 상상하게 된다.

미국의 사회학자 '필 주커먼'은 이 문제를 가지고 호스피스 병동에서 오랫동안 환자들의 임종을 지켜본 간호사와 인터뷰한 적이 있다. 간호사는 하나님에 대한 신앙심이 깊다고 자부하는 노인일수록 죽음을 무서워하더라고 증언했다. 하나님이 자신을 받아주지 않을까 두려워하는 사람도 있었고 지옥으로 떨어질까 무서워하는 사람도 있었다고 한다.

하나님을 믿는 사람에게 있어서 임종의 시간이란 하나님을 만나는 시간이다. 평생 믿고 의지하던 하나님을 만나러 가는데 왜 두렵고 무서운 걸까?

미국에서 목회하던 어린 시절 단짝 친구가 내가 사는 천안의 어느 대학교회에 담임목사로 부임했다. 나는 그를 만나자마자 대뜸 임종에 대한 두려움을 극복하려면 어떻게 해야 하느냐고 물었다. 그러자 친구는 요한1서를 자세히 읽어 보라고 했다.

"사랑에는 두려움이 없습니다. 완전한 사랑은 두려움을 몰아냅니다. 두려움은 징벌을 생각할 때 생기는 것입니다.

그러므로 두려움을 품는 사람은 아직 사랑을 완성하지 못한 사람입니다."(요한1서 4장 18절 공동 번역)

그렇다! 임종의 순간이 두려운 것은 평소에 사랑을 실천하지 않았기 때문이다. 구원에 이르는 길은 말로만 사랑하는 모놀로그 신앙이 아니라 행동으로 실천하는 것이다. 말로만 사랑할 뿐 실천하지 않는 사랑, 그런 사랑은 미완성의 사랑이다. 미완성의 사랑은 사랑이 아니다.

구원의 길은 빠짐없이 교회에 출석하는 종교적 행위에 있는 게 아니다. 출석만 강조할 것이 아니라 일상의 삶을 통하여 사랑을 실천하라고 가르쳐야 할 것이다.

효도와 신앙

반포지효反哺之孝라는 사자성어가 있다.
까마귀가 어릴 때 부모로부터 받아먹었던 만큼 늙은 부모에게 되돌려준다는 말이다.
중국 진나라 때 이밀李密이라는 충신이 있었는데 그는 어려서 아버지를 잃고 어머니마저 재혼하는 바람에 할머니 슬하에서 자랐다.
그 할머니가 96세로 언제 죽을지 모르는 상황인데 황제께서 그에게 높은 벼슬을 내렸다. 그러자 그는 황제에게 진정서를 올렸다.
"저는 올해 44세이고 할머니는 96세이니 제가 황제 폐

하께 충성할 날은 많이 남아 있지만 할머니의 은혜에 보답할 날은 얼마 남지 않았습니다. 까마귀가 어미의 은혜에 보답(반포지효)하듯 할머니께서 돌아가시는 그날까지라도 봉양하도록 허락하여 주소서."

　황제는 이 청원을 흔쾌히 받아들였다. 군주국가에서 황제는 하늘과 같은 존재이다. 그런 황제마저 자신에 대한 충성보다 부모에 대한 효도를 더 소중하게 여긴 것이다. 그렇다면 하나님께서는 효도를 어떻게 생각하실까?

　결론부터 말하자면 하나님도 효도를 인간이 지켜야 할 근본 도리로 여기신다. 그 증거는 성경 곳곳에서 찾아볼 수 있다.

　먼저 십계명을 유심히 살펴보자. 십계명의 첫 번째 계명부터 네 번째 계명까지는 인간이 하나님께 지켜야 할 계명이고 나머지 여섯 가지 계명은 사람과 사람 사이에서 지켜야 할 계명이다.

　그 여섯 가지 계명 중에서 효도를 가장 먼저 하라고 했다. 그만큼 효도는 인간관계에서 가장 으뜸가는 계명이라 할 수 있다.

　구약성경 '룻기'는 '룻'이라는 이방異邦 여인이 시어머니께 효도하여 하나님의 축복을 받았다는 기록이다. 그녀의 시어머니 나오미는 객지에서 남편을 잃고 과부가 되었는데 두 아들마저 죽는 바람에 두 며느리도 과부가 되어 함께 살았다. 세 과부가 온갖 고생으로 힘든 나날을 보내고 있던 어느 날 시어머니 나오미는 고향에 풍년이 들었다는 소문을 듣고는 곧바로 귀향하기로 결심하였다. 그리고 며느리들을 불러 친정으로 돌아가라고 했다. 큰며느리는 친정으로 갔으나 효성이 지극했던 룻은 돌아가지 않겠다고 버티었다.

"어머님 가시는 곳으로 저도 가겠으며, 어머님 머무시는 곳에 저도 머물겠습니다. 어머님의 겨레가 제 겨레요 어머님의 하나님이 제 하나님이십니다. 어머님이 눈 감으시는 곳에서 저도 눈을 감고 어머님 곁에 같이 묻히렵니다. 어떠한 일이 있어도 안 됩니다. 죽음밖에는 아무도 저를 어머님에게서 떼어내지 못합니다."

시어머니를 따라 이스라엘에 온 룻은 생계를 위해 보리 이삭을 줍고 다녔다. 그러던 어느 날 죽은 남편의 가까운 친척이자 미래에 남편이 될 '보아스'를 만나게 된다. 그때 그가 그녀의 효행을 칭찬하는 말 또한 너무나 감동적이다.

"나는 다 들었다. 네가 남편이 세상을 뜬 뒤에도 시어머니를 극진히 모셨고 고향을 버리고 낯선 이 백성에게로 왔다는 말을 들었다. 네가 그렇게도 갸륵하게 행하였는데, 어찌 하나님께서 갚아주시지 않겠느냐? 네가 하나님의 날개 아래로 안식처를 찾아왔으니, 너에게 넉넉하게 갚아주실 것이다."

어디 이뿐이던가? 예수께서는 십자가에서 고통받는 중에서도 어머니 마리아의 여생을 제자 요한에게 부탁하셨다.

"어머니, 이 사람이 어머니의 아들입니다."라고 하신 다음 요한을 돌아보시면서 "이 분이 네 어머니시다."라고 하셨다.

이때부터 요한은 마리아를 자기 집에 모셨다고 한다. 그런데 이 장면을 읽다가 문득 한 가지 의문이 떠올랐다. 마리아는 하나님의 축복을 넘치도록 받은 분이다. 굳이 요한에게 부탁하지 않더라도 하나님께서 그의 여생을 친히 보살펴주실 게 분명하다. 그런데 왜 나이 어린 요한에게 부탁하셨을까?

그것은 효도가 모든 사랑의 전제조건임을 가르쳐 주시려는 데 목적이 있다. 자기 부모를 사랑하는 사람이라야 이웃도 진정으로 사랑할 수 있다는 것을 가르쳐주시려는 것이다.

　이제 결론을 내려야 할 것 같다. 디모데전서에는 "자기 친족, 특히 자기 가족을 돌보지 아니하면 믿음을 배반한 자요, 불신자보다 더 악한 자"라는 놀랍고도 두려운 구절이 있고 신명기에는 "부모를 경홀輕忽히 여기는 자는 저주를 받을 것"이라는 섬뜩한 구절도 있다.

　하나같이 나 같은 불효자가 읽기에는 식은땀이 나는 경고이다. 아마도 효도와 신앙의 관계를 이것보다 더 확실하게 설명하여 주는 구절은 없으리라 생각한다.

바보 천사들의 항해

오래전에 작고하신 김수환 추기경님은 생전에 "야, 이 바보야! 사랑이 머리에서 가슴까지 내려오는 데 70년이나 걸렸다는 말이냐? 이 바보야!"라고 자책하셨다. 또 어떤 분은 "바보라는 소리를 듣지 못한 사람은 진짜 사랑이 무엇인지 모르는 사람이다."라고 했다.

영화 〈타이타닉〉에는 배가 침몰하는 마지막 순간까지 찬송가 338장을 연주하는 악단이 등장한다. '제임스 카메론' 감독은 악단의 지휘자를 코믹한 모습으로 묘사하여 관객들의 폭소를 자아내도록 제작했다. 하지만 그 지휘자는 코미디언이 아니라 선교사였으며 찬송가를 연주한 것도 엄연한 사실이다.

　모두가 살겠다고 아우성치는 아수라장에서 배가 침몰하는 마지막 순간까지 끊임없이 찬송가를 연주하던 단원들은 코미디언도 아니고 바보는 더더욱 아니다. 자신들의 목숨은 돌보지 않고 죽어가는 사람들을 위해 소망의 찬송가를 연주해주었으니 '바보처럼 보이는 천사들'이다.

　영국의 어느 목사가 목사로 안수받자마자 곧바로 미국 선교의 꿈을 안고 대서양을 건너가다가 겪은 일이다. 목사가 타고 있던 배가 침몰할 위기를 맞았다. 모두가 공포에 질려 아우성치는데 어디선가 찬송가 소리가 들려왔다. 찬송가 소리를 따라가 보니 거기에는 한 무리의 사람들이 둘러앉아 찬송가를 부르고 있었다. 목사는 그 무리의 대표로 보이는 사람에게 다가가서 물었다.

　"배가 침몰하는 위기인데 어째서 당신들은 찬송가를 부르고 있습니까?"

　"배가 침몰하면 우리는 하늘나라로 가게 될 것이고 거기서 하나님을 만날 것을 상상하니 기뻐서 찬송을 부릅니다. 당신도 하나님을 믿습니까?"

　갑작스러운 질문에 당황한 목사는 얼떨결에 대답했다.

"저는 목사입니다."

"아니, 저는 당신의 직업을 물은 게 아니고 하나님을 믿느냐고 물었습니다."

당대 최고의 지성으로 무장한 목사였지만 당당하게 나도 예수 믿는 사람이라고 말할 경지는 아니었던 모양이다.

그때 죽음의 위기 앞에서 확신에 찬 신앙고백을 하지 못하고 우물쭈물 넘겼던 그 목사는 결국 미국 선교에서 쓰디쓴 패배를 맛보고 영국으로 되돌아갔다.

이와 달리 폭풍의 위기 앞에서도 확고하게 신앙을 고백하였던 성직자가 있었다. 그는 신부가 되려고 신학교에 다니던 '다미안'이라는 신학생이다. 형과 함께 신학교에 다녔는데 형이 먼저 신부로 서품받았다.

신부가 된 형에게 선교본부에서 하와이로 가서 선교하라는 명령이 떨어졌다. 그러나 그 무렵 형은 장티푸스 환자를 돌보다가 장티푸스에 전염된 상태였다. 의사는 이런 상태로 배를 탄다면 본인도 위험할 뿐만 아니라 다른 승객들에게 전염될 수도 있으니 하와이행을 포기하라고 했다.

이런 사실을 전해 들은 동생 '다미안'은 형 대신 자신이 하와이로 가겠다고 자원하였다. 그가 탄 배가 하와이로 항해하던 중 심한 폭풍을 만나 침몰의 위기를 맞았다. 사람들은 너나없이 불안에 떨고 있었다. 그러자 그는 "하나님을 믿는 사람은 두려울 게 없다."라고 말하며 사람들을 안심시켰다. 그는 파선의 위기 앞에서도 하나님이 도와주실 것을 굳게 믿고 있었다. 드디어 폭풍우가 그치고 아무 일도 없었다는 듯 하와이에 도착하였다.

그가 도착한 호놀룰루 인근에는 '몰라카이'라는 작은 섬이 있었다. 당시 미국 정부는 넘쳐나는 나병 환자들을 그 섬에 격리 수용하였다. 말이 격리 수용이지 실제로는 내다 버리듯 추방한 것이다.

그곳은 경치가 매우 아름다운 섬이지만 나환자들에게는 지옥이나 다름없는 섬이다. 수많은 나병 환자들이 너도나도 그 섬에서 탈출하려고 밤이면 밤마다 바다로 뛰어들었다. 하지만 다음 날 아침이면 어김없이 시체로 떠올랐다.

모두가 목숨을 걸고 탈출하려는 그 섬에 '다미안' 신부는 기를 쓰고 들어가려고 애를 썼다. 사람들은 정부마저 포기한 문둥이 섬으로 들어가려는 그를 바보 같은 사람이라고 수군거렸다. 주변의 만류에도 불구하고 그는 끝내 그 섬으로 들어갔다. 그리고 마침내 고통과 절망으로 신음하던 그

곳을 사랑과 희망의 섬으로 변화시켜나갔다.

　환자들을 돌보며 복음을 전하는 그의 모습은 너무나도 눈물겨웠다. 환자가 죽으면 손수 관을 짜서 장례를 치러 주었는데 16년간 무려 1,600명의 장례를 치렀으니 평균 3~4일에 한 번씩 장례를 치렀던 셈이다. 그러던 어느 날 그도 그만 나환자가 되고 말았다.

　그 섬에 들어간 지 19년 만에 신부님은 동료 나병 환자들의 품에 안겨 하늘나라로 갔다. 신부님의 일생을 보노라면 그분이야말로 바보가 아니라 정말 지혜로운 분이다.

　"너희 중에 누구든지 이 세상에서 지혜 있는 줄로 생각하거든 어리석은 자가 되어라. 그리하여야 지혜로운 자가 되리라."

빌라도를 위한 변론

나는 언제부턴가 사도신경으로 신앙고백을 할 때 "본디오 빌라도에게 고난을 받으사, 십자가에 못 박혀 죽으시고…"라는 부분에서 그냥 얼버무리는 습관이 있다. 이는 누가복음과 요한복음에서 빌라도가 예수를 재판하는 과정을 탐독耽讀한 뒤로 생긴 습관이다. 빌라도는 무죄를 선고하려고 무척 애를 쓰고 있었으며 주님께서도 "이 사건의 주범은 빌라도 자네가 아니라 대제사장들이다."라고 말씀하셨다. 그렇다면 빌라도에게 고난받아 죽었다는 말은 앞뒤가 맞지 않는 말이다.

빌라도가 주님을 심문할 때 물었다.

"나에게도 말을 하지 않을 작정인가? 나에게는 너를 놓아줄 수도 있고 십자가형에 처할 수도 있는 권한이 있는 줄을 모르는가?"

주님은 말씀하셨다.

"네가 하늘에서 권한을 받지 않았다면 나를 어떻게도 할 수 없을 것이다. 그러므로 나를 너에게 넘겨준 사람의 죄가 더 크다."(요한복음 19:11 공동 번역)

이것은 하늘에서 빌라도에게 어떻게 할 권한을 내려주었다는 뜻이자, 대제사장 일당들이 주범主犯이라는 뜻이다.

주님께서 유월절을 앞두고 성전에 들렀을 때 그곳은 시장바닥처럼 소란스러웠다. 이를 본 주님께서는 노끈으로 채찍을 만들어 장사꾼들을 두들겨 패서 내쫓았다. 그들이 쫓겨나는 바람에 성전 앞마당을 장터로 빌려주고 이익을 챙겨오던 대제사장들은 막대한 손실을 보았다.

그날 이후 주님께서는 성전을 둘러싸고 있는 사람들의 죄목을 하나하나 지적하시며 "화가 있을 것"이라고 하셨다. 대제사장과 율법학자들은 물론이고 서기관과 바리새인과 사두개인들까지 싹잡아 정죄하였다. 심지어 "세리와 창녀들이 너희들보다 먼저 하나님의 나라에 들어갈 것"이라는 말씀까지 서슴없이 하셨다.

하지만 그들은 잘못을 뉘우치기는커녕 오히려 주님을 하루라도 빨리 죽여야겠다고 이를 갈며 작전을 세웠다. 이 작전이 성공하는 데 결정적인 역할을 한 사람은 '가룟 유다'이다. 유다의 도움으로 주님을 체포하는 데 성공한 대제사장들은 이튿날 곧바로 빌라도에게 끌고 가서 재판해 달라고 하였다.

빌라도 광장은 군중들이 외쳐대는 구호 소리로 아수라장이었다. 이 일에 앞장선 행동대원들은 성전에서 채찍을 맞고 쫓겨난 상인들로서 예루살렘의 경제를 좌지우지하는 재력가들이다. 예루살렘에서 먹고살려면 누구도 이들의 말을 거역할 수 없다. 그들이 예수를 죽이라고 외치면 군중들은 앵무새처럼 따라 해야 했다.

그렇다면 며칠 전, 윗옷을 길바닥에 깔며 '호산나' 하고 외쳤던 군중들은 어디서 무얼 하고 있었을까? 어떤 이들은 그들도 예수를 죽이라고 외쳤을 것으로 단정하기도 한다. 하지만 이들을 예수를 배반한 변절자로 단정할 근거는 어디에도 없다. 그들은 성전 경제권에서 소외된 빈민들이다. 따라서 빌라도 광장에는 얼씬도 할 수 없었을 터이다.

재판을 시작할 무렵 빌라도는 아내로부터 아주 은밀한 전갈을 받았다. 지난밤 꿈에 예수라는 사람 때문에 몹시 괴로웠노라고 하면서 그 사람은 옳은 사람이니 그리 알고 재판하시라는 내용이었다. 대제사장들이 제출한 공소장은 예수가 신성神聖을 모독하고 율법을 어겼으며 성전을 모독하였다는 내용이다. 공소장을 읽고 난 빌라도는 그런 것은 로마법에 저촉되지 않는다고 판단하였다.

"나는 예수가 무슨 죄를 지었는지 모르겠다."

사도행전에도 이를 뒷받침하는 구절이 있다.

"여러분이 하느님의 종, 예수를 잡아 빌라도에게 넘겨주었을 때 빌라도가 예수를 놓아주려고 작정하였는데도 여러분은 빌라도 앞에서 그를 배척하였습니다."(사도행전 3:13 공동 번역)

재판장이 무죄를 선고했으나 군중들은 끊임없이 예수를 십자가에 못 박으라고 외쳐댔다. 그러자 빌라도는 거듭 말했다.

"그렇다면 너희들이 데리고 가서 너희들이 직접 못 박아라. 나는 그가 무슨 죄를 지었는지 모르겠다."

그러자 군중들은 폭동이라도 일으킬 듯 사나워지기 시

작했다. 끝까지 주님을 살리고 싶었던 빌라도는 마지막 수단으로 바나바와 예수, 두 사람 가운데 누구를 사면해주면 좋겠느냐고 물었다. 그러자 군중들은 바나바를 풀어주고 예수를 죽이라고 외쳤다. 그래도 빌라도는 예수가 옳은 사람이라는 것을 알고 있었기 때문에 끝까지 망설였다.

그가 망설이자 대제사장들은 협박하기 시작했다.

"당신이 만약 그를 놓아준다면 그것은 황제를 반역하는 것이니 당신을 황제에게 고발하겠소."

신성모독자로 고발하였던 공소장을 바꿔치기하여 내란선동죄로 몰면서 빌라도를 공범으로 고발하겠다고 협박한 것이다. 이 말 한마디에 빌라도는 무너지고 말았다. 빌라도는 군중들 앞에서 손을 씻으면서 외쳤다.

"나는 이 사람의 피에 대하여 책임이 없으니, 여러분이 알아서 하시오."

군중들은 기다렸다는 듯 외쳤다.

"그 사람의 피를 우리와 우리 자손에게 돌리시오."

이 말은 부메랑이 되어 그들에게 돌아갔다. 그날 이후 그들과 그들의 자손들은 예수를 죽인 피의 대가를 치러야 했다. 2,000년에 걸친 유대인들의 고난사苦難史는 이들이 바로 예수를 죽인 주범이라는 증거이다.

 그런데도 우리는 아직도 빌라도를 주범으로 정죄하고 있으니 이를 어쩌면 좋은가!

사랑의 바이러스와 증오의 바이러스

　우리나라는 남북이 대립하는 상황에서도 세계 역사상 가장 빠른 경제성장을 이룩하였다. 그 성장 속도에 걸맞게 수많은 갈등이 일어나고 있다. 아이들이 자라면서 성장통을 앓듯 우리 사회도 성장통을 앓고 있다. 게다가 전국 곳곳에서 자살하는 사람이 줄을 잇고 있다.
　이럴 때야말로 종교의 역할이 절실하다. 종교는 사회적 갈등과 고통에 어떻게 대처하여야 하는가? 어떻게 대처하느냐에 따라 종교의 흥망성쇠가 달려 있다고 해도 지나치지 않을 것이다.
　어떤 시위든 모든 시위에는 자기들의 주장을 나타내는

구호口號가 등장하기 마련이다. 언제부터인지 알 수 없으나 요즘 우리 사회에 만연하는 구호들은 증오심憎惡心을 부추기는 내용이 대부분이다.

정책 개발은 게을리하면서 상대방의 결점과 비난거리 찾기에만 분주하다. 세상이 이렇게 분노에 휩싸여 있을 때 종교는 그 분노를 부채질해야 하는가, 아니면 잠재워야 하는가. 당연히 잠재우도록 노력해야 할 테지만 안타깝게도 우리 사회의 일부 종교인들은 정치권과 발맞춰 증오의 바이러스를 퍼트리는 데 앞장서고 있다.

증오의 바이러스에 감염된 시민들의 마음속에는 증오심이 들끓고 있다. 대화와 타협으로 해결하지 않고 모든 문제를 폭력으로 해결하려 든다. 사회 곳곳에서 이유도 없이 두들겨 패고 이유도 모른 채 두들겨 맞는 이른바 '묻지 마 범죄'가 나날이 늘어나는 이유이리라.

오래전 개신교 목사님 한 분이 북한으로 들어가서 평양 방송에 출연하여 인터뷰하였다. 공중파 방송들은 인터뷰 내용을 일일이 중계방송하듯 보도하였다. 그는 평양 방송과의 인터뷰에서 민족의 화해와 평화통일에 이바지하기 위해 목숨을 걸고 평양에 왔노라고 주장했다. 자기가 그렇게 말하면 남과 북의 위정자들이 덩달아서 화해하고 평화 통일도 앞당겨지리라 믿는 모양새였다.

만약에 그가 인터뷰하는 TV 화면을 북한의 지하교회 신도들이나 강제노동에 시달리고 있는 죄수 아닌 죄수들이 시청하였다면 그들은 기독교를 어떤 종교로 생각할까? 간디는 인도에서 철수하여 돌아가는 영국인들의 뒤통수에 대고 일갈했다.

"당신들의 예수는 데려가고 성경 속의 예수는 두고 가라."

아마도 북한의 지하교회 신자들이나 강제 수용소의 죄수 아닌 죄수들 역시 간디와 똑같은 말을 했으리라 짐작하고도 남는다.

남아프리카공화국은 한때 백인들이 지배하면서 모든 권력과 경제를 좌지우지하였으며 흑인들은 백인들의 노예처럼 살고 있었다. 그런 남아공에서 '넬슨 만델라'를 중심으로 흑인 인권운동이 일어났을 때 있었던 실화이다.

흑인들의 시위가 날이 갈수록 험악해지면서 피를 볼지도 모르는 심각한 상황까지 이르렀다. 군중들이 피를 봐서는 안 된다고 판단한 만델라는 가톨릭교회 지도자인 '투투' 주교를 찾아가서 시위대가 피를 보지 않도록 진정시켜

달라고 부탁했다. 우리 정치인들처럼 증오심을 증폭시켜 달라고 주문한 게 아니라 사랑의 바이러스를 퍼뜨려 달라고 부탁한 것이다.

만델라의 부탁을 들은 주교는 잠시 생각에 잠겼다. 그러고는 곧바로 이것은 흑백 간의 갈등이니 혼자서 감당할 수 없는 문제라고 판단했다. 자기는 흑인이자 가톨릭 신부이고, 군인들은 모두가 백인이며 개신교 신자들이기 때문이다. 군인들을 진정시키려면 흑인 사제인 자기가 나서기보다는 백인이자 개신교 목사인 레이 맥콜리 목사가 적임자라고 판단했다.

투투 주교는 곧바로 목사를 찾아가서 자기는 흑인 시위대를 진정시킬 테니 목사님은 백인 진압군을 진정시켜달라고 부탁했다.

주교께서 이런저런 이야기로 군중들을 달래고 있을 때 맥콜리 목사는 진압군 진영으로 성큼성큼 다가갔다. 성난 파도처럼 몰려오는 흑인 시위대의 검은 물결에 겁을 집어먹은 군인들은 여차하면 쏴버릴 만큼 초긴장 상태였다. 목사는 그들에게 다가가서 함께 기도하자고 했다.

그러자 군인들은 하나둘 철모를 벗고 무릎을 꿇으며 기

도에 동참했고 마침내 지휘관들까지 동참하기에 이르렀다.

 그날 두 분의 성직자는 인종과 종교는 물론이고 시위대나 진압군, 어느 한쪽을 편든 게 아니라 양쪽 모두에게 사랑의 바이러스를 퍼뜨리는 데 성공했다.

 언제쯤 우리 사회에도 이런 신부님, 이런 목사님이 나타날까? 이런 바람은 정녕 꿈같은 이야기일까?

제6부

망각의 은혜, 므낫세 만세!

무조건 용서와 조건부 용서
망각의 은혜, 므낫세 만세!
솜털처럼 가벼워야 갈 수 있는 하늘나라
신神이 떠나버린 곳
마음이 만든 허상, 의심
네로와 세네카 그리고 예수

무조건 용서와 조건부 용서

　용서容恕는 잘못했거나 죄지은 상대방을 꾸짖지 않고 벌하지 않는다는 뜻이다.
　용서는 세 가지 요건을 갖춰야 성립된다. 첫 번째는 '용서를 바라는 사람'이 있어야 하고 두 번째는 '잘못한 사실'이 있어야 하며 세 번째는 '용서를 베푸는 사람'이 있어야 한다. 용서는 베푸는 주체에 따라 신神이 베푸는 용서가 있고 인간이 베푸는 용서가 있다.
　신약성경에는 두 종류의 용서가 있다. 먼저 마태복음에서 가르치는 용서를 살펴보자. 어느 날 베드로가 예수님에게 물었다.

"나의 형제가 내게 잘못을 저지르면 몇 번이나 용서해야 합니까. 일곱 번 정도 용서하면 되겠습니까?"

"일곱 번만 용서할 것이 아니라 일곱 번씩 일흔 번이라도 용서하라."

마태복음에서 가르치는 용서는 무조건 용서이다.

하지만 누가복음에서 예수님은 전혀 다르게 가르치셨다. 하루에 일곱 번이나 잘못을 저질러도 그때마다 잘못했다고 말하거든 용서해 주라고 하셨다. 무조건 용서할 것이 아니라 잘못했다고 말하거든 용서하라는 조건부 용서이다. 그렇다면 우리는 어느 가르침을 따라야 하는 것일까?

예수께서는 십자가에 못 박혀 죽어가시면서 이렇게 기도하셨다.

"아버지, 저 사람들을 용서하여 주십시오!"

여기서 말하는 저 사람들이 구체적으로 누구인지 모른다. 게다가 아무도 잘못했다고 용서를 빈 적이 없는 애매모호하기 이를 데 없는 기도이다. 따라서 이 기도의 내용은 예수님과 하나님만 알고 있을 것이다.

대부분 교회에서는 이렇게 용서하라고 가르칠 것이다. 그러나 나는 예수님처럼 용서할 자신이 없다. 예수님은 전

지전능한 하나님의 아들이지만 나는 한낱 피조물에 지나지 않는 존재이기 때문이다. 이것은 가뜩이나 무거운 짐을 지고 있는 나에게 더 큰 짐을 지워주는 것이나 다름없다. 기독교 윤리의 핵심은 내가 할 수 없는 일, 하기 싫은 일을 남에게 강요하지 않는 것이다. 나에게 이렇게 용서하라고 요구하는 것은 기독교의 기본 윤리에 어긋난다.

성경에 등장하는 용서는 대부분 용서를 빌면 용서해 주는 조건부 용서이다. 이삭의 둘째 아들 야곱은 늙고 눈먼 아버지를 속이고 형이 받아야 할 축복을 날치기하여 먼 나라로 도망쳤다. 오랜 세월이 지난 뒤 고향으로 돌아오려고 하였으나 형의 복수가 두려웠다. 형에게 용서를 비는 편지를 보냈으나 오히려 400명의 군사를 이끌고 온다고 했다.

얼마나 두려웠던지 하나님의 사자使者에게 매달려 해결책을 달라고 밤새도록 떼를 썼다. 그러자 사자는 야곱의 환도뼈를 쳐서 다리를 절도록 했다. 야곱은 아픈 다리를 찔뚝거리며 걷다가 멀리서 형이 나타나자 땅에 엎드려서 절하고, 다시 일어나서 찔뚝거리며 걷다가 엎드려 절하였다. 이러기를 무려 일곱 번이나 거듭하였다. 이를 본 형의 마음속에 어느덧 측은지심惻隱之心이 싹트기 시작했다.

'저토록 애절하게 용서를 비는데 어찌 복수한단 말인가.'

이 방법은 밤새도록 야곱에게 시달리던 하나님의 사자가 형의 마음을 움직이기 위해 고안해낸 묘책이다.

누가복음에 등장하는 탕자 역시 잘못을 깨닫고 제 발로 돌아와서 아버지께 용서를 빌었다. 탕자의 아버지는 아들이 재산을 다 날리고 알거지가 되었다는 사실을 이미 알고 있었다. 하지만 아들을 찾아가서 도와주지 않고 제 발로 돌아와서 용서를 빌 때까지 기다리고 있었다.

문제는 용서하리라 마음먹고 기다리는데 정작 상대방은 죄의식을 느끼지 않는다면 어떻게 해야 하나? 이런 상황이 계속된다면 나는 결국 그에게 얽매여 살게 된다. 이런 곤경에서 헤어날 방법은 두 가지가 있다.

하나는 조건 없이 용서하고 축복하는 것이고 또 하나는 야곱의 환도뼈를 쳤던 하나님의 사람에게 묘책을 달라고 떼를 쓰는 것이다.

망각의 은혜, 므낫세 만세!

 원수는 외나무다리에서 만난다는 속담이 있다.
 내가 만약 외나무다리에서 원수를 만난다면 어떻게 할 것인가? 그 순간을 어떻게 넘겨야 후회하지 않을까? 앙갚음할 수 있는 절호의 기회로 여길 수도 있고, 못 본 척 피해버릴 수도 있다. 그도 아니면 전혀 모르는 척하며 지나쳐 버릴 수도 있을 것이다. 그러나 나는 그의 이름조차 기억나지 않았다.
 예수님은 원수를 용서하는 정도가 아니라 그를 위하여 기도까지 해주라고 하셨다. 원수를 용서하는 것이 스스로 복을 받는 길이라고 하셨다. 성경에는 그런 사실을 뒷받침하는 사건이 여기저기에 많이 등장한다. 그중에서 가장 대표적인 인물은 다윗이다. 그는 혁혁한 무공에도 불구하고 자기를 시샘하던 왕 사울에게 쫓겨 다녔다. 그런 그에게 사울 왕을 쥐도 새도 모르게 죽일 수 있는 기회가 두 번이나 찾아왔다. 그러나 그때마다 그는 하나님을 생각하며 사울을 죽이지 않았다. 하나님께서 기름 부어 세운 왕이니 하나님의 손에 맡기겠다고 마음먹은 것이다.

그런 다윗이 드디어 절대 권력자인 왕이 되었다. 자신의 명령을 반대하는 백성을 처단할 수 있을 뿐만 아니라 자신을 비웃기만 해도 벌을 내릴 수 있는 권력을 가졌다. 하지만 그는 함부로 권력을 휘두르지 않았다.

어느 날 아들 압살롬이 반란을 일으키는 바람에 왕궁을 떠나 피난길에 올랐다. 노인 한 명이 다윗의 피난 행렬을 뒤따라오면서 큰 소리로 저주하며 돌을 던졌다. 그는 죽은 사울 왕의 친척으로서 쫓겨 다니는 것을 고소해하며 조롱하였다.

참다못한 신하 한 사람이 칼을 빼 들고 죽이겠다고 나섰다. 그러나 다윗 왕은 모든 것이 하나님의 뜻이니 내버려 두라고 하였다. 반란군이 진압되자 다윗 왕은 왕궁으로 되돌아오고 있었다. 그때 그 노인이 다시 다윗 왕의 행렬에 다가왔다. 다윗이 다시 왕권을 회복하자 보복이 두려워 용서를 빌려고 찾아온 것이다. 그러자 지난번 그 신하가 또다시 칼을 빼 들고 죽이려고 하였다. 하지만 다윗 왕은 그를 또 용서하였다. 하나님께서 왕권을 되찾아 준 오늘같이 좋은 날, 피를 흘려서는 안 된다며 자비를 베푼 것이다. 하나님의 은혜로 왕권을 되찾은 내가 어찌 사람을 죽이겠느냐며 자신이 받은 은혜를 나누어준 것이다. 그러나 다윗은 그 노인을 결코 잊은 것이 아니었다. 솔로몬에게 왕위를 넘겨주면서 그때 그 노인에게 죄가 없어서 살려둔 것이 아니라고 하면서 그냥 두지 말라고 하였다. "너는 지혜 있는 사람이니 그의 백발이 스올로 내려가게 하라."라고 유언하였다.

　용서와 관련하여 또 한 사람 생각나는 사람은 '꿈꾸는 사람'이라는 별명을 가진 요셉이다. 열 명의 배다른 형들은 그를 시샘하여 생매장하려고 하였다. 그러나 때마침 상인들이 지나가자 요셉을 노예로 팔았다. 애굽으로 팔려 온 뒤 우여곡절 끝에 총리가 되었다. 총리가 되기까지 형들의 만행은 그의 기억 속에 뿌리 깊이 남아 있었다.

첫아들을 낳게 되자 자신이 걸어온 발자취를 하나하나 더듬어보았다. 형들이 자신을 죽이려다가 노예로 팔았고 보디발의 아내가 모함하여 감옥에 갇혔다. 감옥에 있는 동안 꿈에도 상상하지 못할 큰일이 벌어졌고 마침내 총리가 되었다. 형들이 자신을 애굽으로 팔았던 것이나, 누명을 쓰고 감옥에 갇혔던 것이나, 어느 것 하나도 우연히 일어난 게 아니라 누군가 보이지 않는 힘이 작용한 것으로 결론 내렸다. 형들은 물론이고 보디발의 아내도 그 보이지 않는 손이 작용한 것으로 생각하게 된 것이다. 요셉에게 있어서 보이지 않는 손이란 하나님이다. 그 모든 우연은 자신이 믿고 의지해오던 하나님의 은혜였음을 깨달았다.

그렇다면 형들을 원망할 이유도 없으며 보디발의 아내를 탓할 이유도 없다. 그래서 그는 첫아들의 이름을 모든 원한을 잊어버리겠다는 뜻으로 '므낫세'라고 작명했다.

총리가 된 뒤 지난날 자기를 생매장하려던 형들이 양식을 얻으려고 찾아왔다. 그야말로 원수를 외나무다리에서 만난 격이다. 그는 첫눈에 알아보았으나 형들은 전혀 눈치채지 못했다. 20년 만에 원수 같은 형들을 다시 만난 그의 심정은 어떠했을까? 아마도 우리와 같았을 것이다.

그는 형들을 정탐꾼으로 몰아 감옥에 가둬버렸다. 간첩이라는 누명을 뒤집어썼으니 사형당할 수도 있다. 그러나 그는 3일 만에 형들을 풀어주었다. 형들을 감옥에 가두었던 이유는 자신이 겪었던 고통을 체험토록 하여 뉘우치게 하려는 데 있었다. 그의 복수는 이것이 전부였다. 형들이 데리고 온 친동생 베냐민을 보는 순간 자신이 요셉임을 밝히면서 큰 소리로 통곡했다.

그 울음소리가 형들에게는 원한 맺힌 통곡으로 들렸을 것이다. 자기들이 죽이려 했던 동생이 자기들의 목숨을 좌지우지하는 애급의 총리라는 사실에 경악하며 공포에 떨었다. 하지만 그는 형들을 안아주고 입을 맞추며 말했다.

"나를 이곳에 보낸 것은 당신들이 아니라 하나님의 뜻이었으니 안심하라."

그런데 몇 해가 지나고 아버지 야곱이 죽자 형들은 다시 두려움에 떨었다. 아버지가 죽고 없으니 이제는 요셉이 마음 놓고 복수하리라 지레짐작한 것이다. 이를 눈치챈 요셉은 형들에게 반문했다.

"안심하라. 내가 하나님을 대신하기라도 할 것 같으냐?"

그는 자신이 겪은 모든 억울한 사건들이 하나님의 뜻이

없음을 깨달았기 때문에 흔쾌히 용서할 수 있었다.

그런데 나는 그동안 누구를 용서하였던가? 이를 갈면서 '잘 먹고, 잘 살아라.' 하고는 돌아섰다. 이 말은 배알이 꼴려 내뱉는 욕설이다. 그런데 이상한 것은 그렇게 헤어지고 오랜 세월이 지나서 그 원수를 다시 만났을 때 그는 나를 또렷이 기억하고 있었으나 나는 이름조차 기억할 수 없었다.

인간은 망각의 동물이라고 한다. 부정적이고 괴로웠던 일은 쉽게 잊어버린다는 뜻이다. 만약 괴로운 일들을 하나하나 기억하고 있다면 그것은 시한폭탄을 안고 사는 것과 다름없다. 그래서 용서하는 것은 궁극적으로는 나 자신을 위하는 길이다.

원수를 망각의 묘지에 묻어 버리면 지옥의 삶에서 해방될 수 있다. 잊어버리고 나면 자신도 모르게 평온이 찾아온다. 그것을 므낫세의 은혜라고 한다.

망각의 은혜, 므낫세 만세!

솜털처럼 가벼워야 갈 수 있는 하늘나라

성경에는 두 종류의 가난한 사람들이 등장한다. 하나는 '물질적으로 가난한 사람'이고 다른 하나는 '마음이 가난한 사람'이다. 예수님은 어떤 종류의 가난한 사람이든 가난한 사람이면 누구나 천국에 들어갈 수 있다고 하셨다. 하지만 부자들은 아예 천국에 들어갈 엄두도 내지 말라고 하셨다. 어느 날 한 부자 청년이 예수님을 찾아와서 물었다.

"선생님, 어떻게 하면 영생을 얻을 수 있습니까?"

그 청년은 부모로부터 엄청나게 많은 재산을 물려받은 부자였다. 이른바 금수저를 물고 태어났으며 모든 계명을 철저히 지켜왔다. 예수님은 그에게 답했다.

"자네가 가진 재산을 모두 팔아 가난한 사람들에게 나누어준 다음 나를 따라오게."

그러자 청년은 번민하며 허겁지겁 예수를 등지고 떠나갔다. 그의 뒷모습을 바라보시던 예수님은 말씀하셨다.

"낙타가 바늘구멍으로 들어가는 것이 부자가 하늘나라에 들어가기보다 더 쉽다."

한마디로 부자는 천국에 들어갈 수 없다는 뜻이나 다름없다. 가난한 사람이든 부자이든 모두가 하나님의 피조물인데 어찌하여 이토록 불공평하게 대하는지 모를 일이다.

모세는 출애굽기에서 "너희 생명을 대속代贖하기 위하여 속전贖錢을 드릴 때 부자라고 더 내지도 말고 가난하다고 덜 내지도 말라."라고 했다. 이것은 부자든 가난한 사람이든 인간의 가치는 동등하다는 뜻이다. 그런데도 부자와 가난한 자를 이토록 차별하고 있으니 이해가 가지 않는다.

이런 연유로 나는 성경이 어렵다고 말한다. 얼마나 세월이 흘렀을까, 어느 날 불현듯 뇌리를 스치는 게 있었다. 이것은 차별의 문제가 아니라는 것이다. 인간은 한 번 부자가 되면 영원히 부자로 사는 것도 아니며 한 번 가난하다고 해서 영원히 가난하게 살라는 법도 없다. 재산은 있다가도 없어질 수 있고 없다가도 많아질 수 있다. 그러니 재물이 많다고 무조건 지옥에 가는 것도 아니며 가난하다고 해서 무조건 천국에 가는 것도 아니다.

결국 재물의 많고 적음을 기준으로 결정되는 게 아니라 재물을 어떻게 쓰는가에 따라 결정될 문제이다. 부자니까 무조건 천국에 들어갈 수 없다는 뜻이 아니라 그 재물을 어떻게 쓰느냐에 따라 달라진다는 말이다.

그런 인물로 대표적인 부자는 '삭개오'라는 세리를 손꼽을 수 있다. 그는 세리稅吏의 우두머리로서 어마어마한 부자였다. 사람들은 그를 민족 반역자로 여겼고 세금을 덤터기 씌워 부자가 되었다고 증오하였다. 그래서 그는 한 번도 인간다운 대접待接을 받아 본 적이 없다. 이른바 사랑에 굶주린 사람, 일종의 마음이 가난한 사람이다.

모두가 증오하는 그런 인간은 죽어서 어디로 갈 것인가? 엄청난 부자라서 무조건 지옥에 떨어질 것인가 아니면 사랑에 굶주린 사람이니 천국에 들어갈 것인가? 마음이 가난한 사람이지만 부정하게 재물을 모은 부자였던 탓에 천국에 들어갈 수 없는 사람이다.

어느 날 그가 사는 동네에 예수께서 나타났다. 세리들 사이에서 예수라는 사람은 이미 널리 알려져 있었다. 동료 세리 '레위'(나중에 마태로 개명)가 황금알을 낳는 세리 직을 그만두고 그의 제자가 되었기 때문이다. 얼마나 대단한 분이길래 제자로 따라갔을까? 삭개오는 모든 일을 제쳐놓고 그분을 만나보고 싶었다.

하지만 그분은 사람들에게 둘러싸여 있었고 키가 유난히 작은 그로서는 엄두조차 낼 수 없었다. 하는 수 없이 길가에 있는 뽕나무 위로 올라가서 내려다보았다. 순간 그분이 자기를 발견하고는 "삭개오야!" 하며 자기 이름을 불러주었다.

그 순간 자신을 얽매고 있던 증오의 올가미들이 남김없이 풀렸다. 얼른 나무에서 내려와 자기 집으로 모셔 들이고 그분의 발아래 무릎을 꿇었다. 그러고는 자기 소유의 절반을 가난한 사람들에게 나눠주겠으며 강제로 빼앗은 게 있다면 네 배로 갚아주겠다고 맹세하였다. 이런 식으로 나누어주고 갚아주고 나면 그는 마침내 가난한 사람이 되고 말 것이다.

그러자 예수님은 선언하셨다.

"오늘 이 집에 구원이 이르렀다."

사랑에 굶주리던 부자가 자기 재산의 절반을 가난한 자들에게 나눠주겠다고 약속할 뿐 아니라 빼앗은 게 있으면 네 배로 갚아주겠다고 말하는 순간 그는 천국을 약속받았다.

근심하며 떠나갔던 부자 청년처럼 재산을 움켜쥐고 번민하였더라면 영원히 천국에 들어갈 수 없었을 것이다. 하지만 자신의 부富를 모두 내려놓는 순간 몸도 마음도 가난한 사람이 되었다. 천국은 몸과 마음이 솜털처럼 가벼운 사람만이 갈 수 있는 나라이다.

신神이 떠나버린 곳

　우리나라에 기독교를 전파해 주었던 선진국에서 문을 닫는 교회가 빠른 속도로 늘어나고 있다. 그들과 깊은 인연을 맺고 있는 우리나라 교회들도 마찬가지다. 오래전에 발표된 통계청 발표에 따르면 개신교 인구가 팔백만 명 정도라고 했다. 그 통계가 발표되기 십여 년 전만 해도 천이백만 명이라 했는데….

　문자 그대로 몰락하는 상황이다. 어떤 이들은 베이비 붐 세대가 지나가고 나면 사백만으로 줄어들 것으로 전망하기도 한다. TV에 출연한 어느 신학자는 이런 현상을 하나님께서 포도나무 가지치기하는 걸로 생각한다고 했다. 쓸

모없는 가지를 잘라버리고 알찬 가지만 남겨두는 현상으로 해석한 것이다. 한마디로 교회를 떠난 사람을 쓸모없는 가지로 취급하는 듯하여 참으로 민망스러웠다.

　미국의 사회학자 필 주커먼은 『신 없는 사회』라는 저서에서 미국처럼 교회가 텅 비는 현상은 덴마크나 스웨덴에서도 마찬가지라고 했다. 덴마크에서는 기독교가 국교로 지정되어 있으며 곳곳에 작고 아름다운 교회가 많이 있다. 하지만 주일이 되면 교회 안은 텅텅 빈다고 한다.

　미국의 개신교 지도자들은 교회가 활력을 잃으면 사회도 덩달아 활력을 잃는다고 경고해왔다. 덴마크 역시 미국처럼 교회가 텅텅 비었지만, 미국과 달리 국민소득은 세계 최고 수준이고 국민의 행복 지수指數 또한 최상위권을 유지하고 있다. 미국 교회 지도자들의 주장과는 달라도 너무 다른 모습이다.

　저자는 이 의문을 풀어보려고 덴마크로 건너가서 몸으로 직접 체험한 바를 『신 없는 사회』라는 책으로 출판하였다.

　덴마크 국왕은 루터교를 국교로 지정하고 종교세를 거둬서 목회자들이 안심하고 목회할 수 있도록 나누어주고 있다. 교회는 텅텅 비어 있으나 자발적으로 종교세를 내는 시민은 납세인구의 80%가 넘는다고 한다.

교회가 미국처럼 텅텅 비었으나 미국과 전혀 다른 몇 가지를 확인하였다. 그것은 시민들 한 사람 한 사람 모두가 자기가 당하기 싫은 일을 남에게 하지 않는다는 윤리의식이 뿌리 깊이 박혀있다는 사실이다. 게다가 그 사회의 모든 질서는 사랑에 바탕을 두고 있다는 사실도 확인하였다.

비록 교회는 텅텅 비었지만 사회 구성원들 대부분이 기독교 윤리를 철저히 실천하고 있음을 확인한 것이다. 하나님의 뜻이 살아 있는 사회라는 뜻이다.

이런 측면에서 보면 한국이나 미국이야말로 신 없는 사회가 아닐까 생각된다. 골목골목 수많은 교회가 있으며 경찰들이 곳곳에서 눈을 부릅뜨고 있지만 참혹하고 엽기적인 사건들이 끊임없이 발생하기에 하는 말이다.

왜 이렇게 된 것일까? 미국의 어느 중소도시에서 성공적인 목회를 하던 목회자가 있었다. 그의 명성은 전국에 알려졌고 많은 교회에서 모셔가려고 찾아왔다. 드디어 어느 대도시에 있는 대형 교회로 옮겨갔다.

그가 부임하기 전부터 교인 수가 줄어들고 있었는데 부임한 뒤에도 끊임없이 줄어들었다. 갖가지 성장 프로그램을 다 동원해 보았으나 백약이 무효였다. 언제부턴가 알 수 없으나 자신은 이미 하나님으로부터 버림받았다는 생각까지 하였다.

어느 날, 자정이 넘도록 십자가 앞에 꿇어앉아 자신의 지나온 발자취를 되새겨보았다. 먼저 자신이 가장 소중하게 여겨왔던 목표들이 하나님과 무슨 관계인가 하는 근본적인 질문을 던졌다. 결국 그 목표들은 하나님과 전혀 관계가 없는, 지극히 '세속적인 성장'이었음을 깨달았다. 더 많은 사람을 모으고, 더 많은 헌금을 거둬들이고, 더 화려하고, 더 큰 교회 건물을 지으면 하나님도 그만큼 좋아하실 것으로 착각하고 있었다.

여기서 한 가지 질문을 던져본다. 신이 떠나버린 곳은 어디일까? 교회일까, 아니면 사회일까. 그도 아니면 우리들의 마음일까.

마음이 만든 허상, 의심

 젊은 시절 한동안 삼성그룹 창업주 회장님을 가까이 수행한 적이 있다. 세간에는 회장님이 관상을 잘 본다는 소문이 나돌았으며 재벌 총수들 가운데서 용인술이 가장 탁월한 분으로 알려져 있다. 그분이 중요하게 여겼던 좌우명 가운데 "의인물용疑人勿用, 용인물의用人勿疑"라는 격언이 있다.
 의심스러운 사람은 쓰지 말고 쓰고 있는 사람을 함부로 의심하지 말라는 것이다. 한번 의심하기 시작하면 온갖 망상妄想에 빠져 다른 일까지 그르치는 법이다. 그래서 회장님은 새로운 사업 분야로 진출할 때는 그 분야의 뛰어난

기술자나 경영자를 찾기보다는 신뢰할 수 있는 인재를 먼저 찾았다. 자신이 잘 모르는 사업을 하려면 그 분야의 경험보다는 인간적인 신뢰가 더 중요하다고 생각했기 때문이다.

또 한 가지 중요하게 여긴 것은 한번 신뢰를 잃어버린 사람은 가차 없이 내쳐 버리는 것이다. 신뢰할 수 없는 사람이 가까이 있으면 신경이 쓰여서 다른 일까지 망치기 때문이다. 의심은 더 큰 의심을 불러오는 법이다. 그래서 의심암귀疑心暗鬼라는 말도 가끔 들려주셨다. 사람을 의심하는 것은 사람과 사람 사이를 병들게 하는 독약이나 다름없다.

우리 부부는 오래전에 교회에서 헌금 당번을 하던 중에 황당한 의심을 받은 적이 있다. 그 무렵 우리 교회에서는 헌금 주머니를 돌려가며 헌금을 걷었다. 현찰을 넣는 분들도 있지만 대부분 봉투에 담아서 넣었다.

어느 날 나는 헌금을 다 걷은 다음 내가 준비한 헌금 봉투를 양복 안주머니에서 꺼내고 있었다. 가운에 조끼까지 입고 있었던 터라 꺼내는 게 쉽지 않아 허둥대고 있었다. 그 순간 누군가가 나를 응시凝視하는 듯한 느낌이 들었다. 힐끗 쳐다보니 아니나 다를까, 저만치 출입구 쪽에서 어느 부인이 이상한 눈초리로 나를 응시하고 있었다.

'뭐지? 왜 저런 눈길로 노려보는 걸까? 혹시…, 헌금 봉투를 가로채는 걸로 의심하는 건 아닐까….'

생각이 여기까지 이르자 나도 모르는 사이에 얼굴이 화끈 달아올랐다. 양복 안주머니에서 꺼낸 봉투를 확인해보라는 듯 부인에게 보여주고는 제자리로 돌아왔다.

내가 너무 예민하게 생각했을 수도 있을 터이나 그때 그 눈초리를 생각하면 지금도 불쾌하기 이를 데 없다. 그 뒤로 부인은 언제 그랬냐는 듯 친밀하게 대해주었으나 그때마다 소름 끼치던 그 눈초리가 어른거려 도저히 가까이할 수 없었다.

내가 그런 일을 겪고 난 뒤 이번에는 아내가 터무니없는 의심을 받았다. 예배가 끝나자마자 어떤 부인이 아내에게 황급히 다가오더니 큰 소리로 자기 헌금 봉투를 어떻게 했느냐며 따지고 들더란다. 마치 아내가 자기 헌금 봉투를 가로챈 걸로 의심하는 듯한 말투였다고 한다. 아내는 너무나 터무니없는 말이라 무슨 말을 하는지 모르겠다고 대꾸하고는 집으로 돌아왔다. 한참 뒤 목사님 사모가 전화를 걸어왔다.

"헌금 봉투가 없어졌다고 항의받은 적이 있으세요?"

아내가 그렇다고 대답하자 호호 웃으면서, 그 부인이 헌금 봉투에 이름을 쓰지 않았던 탓에 무명無名 씨가 바친 헌금으로 발표되어 빚어진 불상사이니 이해하시라고 했다.

사람의 마음은 말로만 표현되는 게 아니라 눈길에서도 나타나는 법이다. 마음이 밝고 선한 사람은 안색이 밝아 보이지만 의심이 많고 부정적인 사람의 안색은 날카로우면서 어딘가 모르게 불안해 보인다.

의심의 정체는 자기 자신이 만들어낸 허상이다. 의심할 때 나타나는 귀신은 실제로 존재하는 것이 아니라 의심하는 사람의 마음이 만들어내는 것이다. 마음먹기에 따라 귀신이 나타나기도 하고 천사가 나타나기도 한다. 새해에는 모두가 밝은 마음으로 천사를 만나시기 바란다.

네로와 세네카 그리고 예수

　온유한 마음의 상징인 예수님도 분노를 참다못해 채찍을 휘두른 적이 있다. 예루살렘 성전을 시장바닥처럼 더럽히는 무리를 보시자 화가 나서 채찍질하며 장사치들의 의자와 환전상들의 상을 둘러 엎으셨다. 누가복음에서는 장사하는 사람들을 내쫓으셨다고 간략하게 기록되어 있으나 요한복음을 읽어 보면 그렇지 않다.
　"노끈으로 채찍을 만들어 양과 소와 함께 그들을 모두 성전에서 내쫓았고, 돈 바꾸어 주는 사람들의 돈을 쏟아 버리시고, 상床을 둘러 엎으셨다."
　채찍으로 쳐서 쫓아내셨던 걸 보면 엄청 화를 내셨던 게 분명하다. 그렇다면 우리도 불의를 보면 이처럼 화를 내며 채찍질하거나 상을 둘러 엎어도 무방하다는 뜻일까?

우리는 절대 그럴 수 없다. 왜냐하면 예수님과 우리는 출신성분이 다른 존재라서 그렇다. 예수님은 전지전능하신 하나님의 아들이나 우리는 에덴동산에서 죄를 짓고 쫓겨난 아담의 후손이다. 우리에게는 선과 악을 분별할 능력도 부족할 뿐 아니라 정의와 불의를 구분하는 능력도 모자라기 때문이다.

인간의 말에는 창조의 능력이 있다고 한다. 온유한 말에는 세상을 평화롭게 하는 능력이 있지만, 분노하는 말에는 자신을 비롯한 주변 사람들을 부숴버리는 파괴력이 있다.

이름난 폭군 네로 황제의 측근 중에 세네카라는 철학자가 있었다. 그는 일찍이 네로가 대도시 로마를 불사르게 될 것을 예견豫見한 바 있다. 그는 네로 황제의 어릴 적 가정교사였다. 가정교사로 부임하기 전, 정적들의 모함으로 8년이라는 긴 세월 동안 억울한 귀양살이를 하였는데 그때 『화에 대하여』라는 책을 집필하였다. 그 책에서 그는 먼 훗날 네로가 큰 도시를 불태울 것을 예견한 것이다. 그뿐 아니라 분노는 무서운 속도로 전염된다는 사실도 설파

하였다. 세네카는 네로가 황제로 등극한 뒤 측근으로 등용되어 10년간이나 보좌했다. 하지만 어이없게도 네로는 그에게 자결하라는 명령을 내렸다.

그가 예견했던 대로 대도시 로마를 불태우라고 지시할 때 네로는 화를 내며 얼굴을 찌푸리고 언성을 높였다. 그러자 주변에 있던 신하들에게도 분노가 전염되었으며 시가지를 누비며 불을 지르고 다니던 군인들 한 사람 한 사람 모두가 분노에 전염되어 있었다.

세네카는 분노하고 있는 상대방을 잠재우려면 상대방을 존중해 주면 된다고 했다. 그러나 이미 화내는 일에 이력이 난 네로를 존중해 주라는 것은 돌이킬 수 없는 실수였다. 왜냐하면 교만의 극치에 이르렀던 네로를 존중해 주면 줄수록 더욱더 교만하게 만들 뿐이었다. 하지만 세네카와 동시대를 사셨던 예수께서는 전혀 다른 방법을 제시하셨다.

"무거운 짐을 진 사람이 나에게 오면 편히 쉬도록 해주겠다."

편히 쉬는 방법은 바로 온유한 마음을 가지는 것이다.

"나는 마음이 온유하고 겸손하니 나의 멍에를 메고 나에게 배우면 너희 마음도 쉼을 얻는다."

　온유한 마음을 가지고 겸손하게 산다는 건 멍에를 짊어진 것보다 더 힘든 일일 수도 있다. 하지만 그 멍에는 불같이 타오르는 분노를 잠재워주는 씨앗일 뿐 아니라 한 걸음 더 나아가 나 자신의 운명을 아름답게 꽃피울 것이다.

　하지만 나의 인품은 이런 글을 쓸 처지가 못 된다. 노트북을 덮으려는데 자괴감이 쓰나미처럼 몰려온다. 이를 어쩌면 좋은가….